내
인생 마차에서
떨어뜨린 것

Jeder Tag ist ein geschenktes Leben
Schritte der Achtsamkeit

Michael Tischinger

Michael Tischinger, Jeder Tag ist ein geschenktes Leben. Schritte der Achtsamkeit © 2013 Kreuz Verlag part of Verlag Herder GmbH, Freiburg im Breisgau
Korean translation copyright © 2015 by ST PAULS, Seoul, Korea

내 인생 마차에서 떨어뜨린 것 – 주목하는 삶 살기

발행일 2015. 4. 3

글쓴이 미하엘 티쉥거
옮긴이 황미하
펴낸이 서영주
총편집 한기철
편집 손옥희, 김정희 **디자인** 강은경
제작 김안순 **마케팅** 김용석 **인쇄** 영신사

펴낸곳 성바오로
출판등록 7-93호 1992. 10. 6
주소 서울특별시 강북구 오현로7길 20(미아동)
취급처 성바오로보급소
전화 944-8300, 986-1361
팩스 986-1365
통신판매 945-2972
E-mail bookclub@paolo.net
www.**paolo**.net
www.facebook.com/**stpaulskr**

값 12,000원
ISBN 978-89-8015-861-4
교회인가 서울대교구 2015. 3. 27 **SSP** 1012

이 도서의 국립중앙도서관 출판예정도서목록(CIP)은 서지정보유통지원시스템 홈페이지(http://seoji.nl.go.kr)와 국가자료공동목록시스템(http://www.nl.go.kr/kolisnet)에서 이용하실 수 있습니다. (CIP제어번호 : CIP2015009139)

이 책은 저작권법의 보호를 받으므로 무단전재와 무단복제를 금합니다.
이 책 내용의 전부 또는 일부를 재사용하려면 반드시 저작권자와 성바오로출판사의 동의를 얻어야 합니다.

내
인생 마차에서
떨어뜨린 것

미하엘 티쉥거 글 · 황미하 옮김

주목하는 삶 살기

성바오로

여는 글

오늘에 주목하라. 오늘은 인생의 하루이기 때문이다. 이 짧은 하루 안에 모든 실제, 존재의 진실, 성장의 기쁨, 놀라운 힘이 들어 있다. 어제는 꿈이고, 내일은 비전이다. 그러나 오늘이 어제를 행복 가득한 꿈으로 만들고, 내일을 희망 넘치는 비전으로 만든다. 그러니 오늘에 주목하라.
― 산스크리트 텍스트에서 발췌

삶에 더 주목하고 삶을 더 깨어 있는 자세로 일구려는 사람들에게 이 책으로 힘과 용기를 불어넣어 주고 싶습니다. 때로 우리는 위기를 겪고 전환을 맞이합니다. 그러면서 앞으로는 지금까지 해 왔던 것처럼 그렇게 살지 못하리라고 예감합니다. 자신이 지칠 대로 지쳤다고 느끼지만, 그래도 의미 있는 삶을 살기를 바랍니다. 우리는 자신에게 늘 새로운 자극이 필요하다는 것을 잘 알고 있습니다.

당신이 하루하루에 주목하며 삶을 더 깨어 있는 자세로 더욱 기쁘게, 더욱 여유 있게 엮어 가도록 이 책이 초대합니다. '좀 더mehr'에 대한 갈망을 적극적으로 채우려는 사람들에게 이 책이 많은 자극을 주며 고무하고, 그에 필요한 도구 역할도 할 것입니다.

당신이 마음을 활짝 열고 뭔가 새로운 것에 도전하도록 이 책으로 열정을 일으키고 싶습니다. 이 책에는 주목을 위한 연습과 물음이 많이 들어 있습니다. 시간을 내어 이 책에 제시된 연습과 물음에 응하기를 바랍니다. 중요한 것은 당신이 직접 체험해야 한다는 것입니다. 당신에게 기쁨을 주는 것이 무엇인지, 당신에게 유익한 것이 무엇인지 찾아내십시오. 그런 가운데 자기 자신에 대해서도 인내하게 될 것입니다.

이러한 일련의 과정들을 레스토랑의 메뉴판으로 생각해 보십시오. 그리고 먹고 싶은 음식을 고르십시오. 하지만 모든 것을 한꺼번에 맛볼 수는 없습니다.

당신이 택한 연습들은 대부분 당신의 '단골 메뉴'일 것입니다. 당신은 이 연습을 날마다 규칙적으로 하겠다고 마음먹겠지요. 실행하십시오! 그러나 맛있는 음식 한 가지로는 영원히 배부르지 않습니다. 다시 배가 고플 것입니다. 주목하는 것도 그렇습니다. 생명을 유지하기 위해 우리가 날마다 음식을 먹어야 하듯이, 충만하고 만족스럽게 살기 위해서 주목하는 삶의 방식을 날마다 익혀야 합니다. '주목'하며 살 때 당신도 삶의 예술가가 될 수 있습니다.

"기술 혹은 예술"을 의미하는 독일어 'Kunst'는 "할 수 있다"라는 뜻을 지닌 동사 'können'에서 파생되었습니다. 그리고 'können'은 "연습하다"라는 동사 'üben'에서 유래되었습니다. 우리는 누구나 배우는 자, 연습생입니다. 평생.

오늘 하루를 당신의 인생으로 바라보는 법을 연습하십시오. 당신이 보내는 하루하루가 선물입니다. 당신의 삶은 값진 선물입니다. 그러므로 중요한 것은 이 삶의 선물에 더 주목하는 일입니다. 당신이 오늘 하루에 주목할 수 있도록 이 책이 많은 도움을 줄 것입니다. 당신은 앞으로 더 주목하는 삶을 살겠다고 결심하지만, 오늘만 그렇게 할 수 있는 것입니다. 이 책은 바로 여기에 초점을 맞추었습니다. 오늘 하루에 주목하고 깨어 있는 자세로 사는 것이 얼마나 중요한지 이 책이 거듭 상기시켜 줄 것입니다. 또 당신이 하루하루를 의미 있는 삶으로 엮어 갈 수 있도록 많은 자극을 주며 응원할 것입니다. 결국 관건은 '오늘만을 위해'라는 삶의 방식을 연습하는 것입니다. 기술을 습득하는 것은 중요하지 않습니다.

이 책은 장章별로 읽거나 마음에 드는 대목을 골라 읽어도 좋습니다. 지금의 당신에게 맞는 내용이 무엇인지, 어떤 연습을 하고 싶은지, 혹시 연습하고 싶은 것이 없는 것은 아닌지를 감지하십시오. 이때 특정한 관점을 면밀히 인지하는 것이 중요합니다. 시간을 내어 당신이 지금 필요로 하는 것, 당신에게 현재 식욕을 일으키는 것을 택하십시오.

이 책은 내가 최근 몇 년 동안 함께한 환자들과의 다양한 체험을 바탕으로 나오게 되었습니다. 이 책에 제시된 많은 자극과 고무하는 모습은 그들과의 만남에서 비롯된 것입니다. 자신의 체험과 영적 힘은 물론 희망을 들려준 사람들도 여럿 있는데, 이들도 이 책을 쓰는 데 많은 영감을 불어넣어 주었습니다.

나는 여러 사람들을 만나면서 그들이 자기 자신과 활력을 새롭게 발견하고 다시 피어나며, 주목하고 깨어 있는 자세로 자신의 삶을 형성하는 모습을 볼 수 있었습니다. 그것이 내게는 이루 말할 수 없는 기쁨이었습니다.

이 책의 내용은 대부분 나 자신의 체험과 개인적인 만남을 바탕으로 한 것입니다. 병원에서 동료들과 작업하며 나온 내용도 있는데, 이들을 통해 중요한 점들을 내다보고 이해하게 되었습니다.

이렇듯 나는 다양한 경험을 할 수 있었습니다. 그러나 다양한 체험이라는 선물을 나 혼자만 간직할 것이 아니라 여러 사람들과 함께 나누는 것이 더 의미 있다고 봅니다. 많은 사람들이 더욱 활기차고 깨어 있는 삶을 살 수 있도록 이 책에 나타난 다양한 체험들이 도움이 되면 좋겠습니다.

이 책은 어느 날 갑자기 하늘에서 뚝 떨어져 당신을 가르치려는 것이 아니라, 당신을 자극하고 고무하여 새롭게 생각할 수 있는 마음을 불러일으키기 위해 쓰였습니다. 또한 당신이 용기를 내어 새로운 것을 추구하도록 독려하기 위해 쓰였습니다. 당신이 자기 자신을 더 많이 발견하도록 용기를 불어넣어 주고 싶습니다. 당신 스스로 내면의 값진 것, 소중한 것, 사랑스러운 것을 많이 발견하리라고 확신합니다. 우리가 이 세상에 존재한다는 것은 참으로 놀라운 선물입니다. 우리는 누구나 있는 그대로 사랑스러운 존재입니다.

머리말

'주목'은 요즘 심리 치료 분야에서 큰 관심을 불러 모으고 있습니다. 전문가들 사이에는 '주목파波'라는 용어까지 사용되고 있습니다. 특히 미국의 분자생물학자인 존 카밧진Jon Kabat-Zinn이 개발한 MBSR(Mindfulness Based Stress Reduction, 마음챙김에 근거한 스트레스 완화) 프로그램은 국제적으로 큰 호응을 얻었습니다. 이 프로그램에는 몸 인지, 요가, 명상과 같은 다양한 연습이 들어 있습니다. 이런 연습을 할 때는 지시 사항을 그대로 실행하는 자세가 중요합니다. 이러쿵저러쿵 평가하지 말아야 합니다. 주목은 예방 효과를 비롯해 극심한 스트레스, 불안 장애, 우울증, 심장병, 암, 피부병 등 수많은 질병을 낫게 할 뿐만 아니라 신체적 · 정신적 건강을 증진시키고 삶의 질을 높이는 데도 기여한다고 학문적으로도 증명된 바 있습니다.

그렇지만 '주목'이 일상의 무거운 짐을 잘 다루기 위해 긴장을 푸는 법을 배우는 기술로 축소되어서는 안 됩니다.

주목은 세계의 모든 종교에서도 핵심 덕목으로 간주되고 있습니다. 주목은 단순한 방법 이상의 내적 태도, 생활 태도라는 뜻을 담고 있습니다.

주목하며 살 때, 현재의 순간에 집중하고 자기 자신과 좋은 관계를 유지할 수 있습니다. 또한 나 자신과 다른 사람들을 존중하고 삶을 값진 선물로 받아들이며 살아갈 수 있습니다. 주목은 깨어 있고 기쁨이 가득한 삶을 누리기 위한 열쇠와도 같습니다. 이 열쇠는 바로 우리 자신이 쥐고 있습니다. 우리는 누구나 주목하는 능력을 지니고 있습니다.

주목은 전체적인 의미에서 볼 때 그저 단순한 주의注意를 일컫지 않습니다. 여기서 주의란 오관으로 소리, 냄새, 맛, 형태, 색깔을 인지하는 것을 말합니다. 주의를 기울일 때 주변에서 무슨 일이 일어나는지 알아차릴 수 있습니다. 이는 우리가 의식하면서 체험하기 위한 전제 조건입니다. 그러나 주목은 외부에서 일어나는 일을 인지하는 것뿐만 아니라 내면으로 들어간다는 것도 의미합니다. 내면으로 들어간다는 것은 나 자신과 잘 교류한다는 뜻입니다. 내게 유익한 것, 내게 도움이 되는 것, 내가 필요한 것을 의식하는 것입니다. 또 내면으로 들어간다는 것은 외적 상황을 환기하고 이를 알아차리는 것입니다. 그때그때 내게 무슨 일이 일어나는지, 그런 상황에 어떻게 대처하면 좋은지 곰곰이 생각하는 것입니다. 그러나 깨어 있어야만 자신을 제대로 지각할 수 있습니다. 나는 무엇을 인지하는가? 그것은 무슨 의미를 지니는가? 나는 거기에 어떻게 대답하면 좋을까?

주목한다는 것은 자기 자신을 의식한다는 뜻입니다. 그렇게 할 때 건강한 자아의식을 구축할 수 있습니다. 주목은 정신 훈련이나 의식 훈련으로도 풀이됩니다. 이런 훈련을 하면 우리는 삶을 더 자각하면서, 다시 말해 자기 자신을 더욱 의식하면서 살아갈 수 있습니다. 주로 외부에 초점을 맞추면서 자아, 자신의 욕구, 감정과 별로 교류하지 않는 사람은 이로 말미암아 갈등에 빠지고 병이 날 수 있습니다.

내가 일하는 바이에른 주州 오버스도르프Obersdorf에 있는 아둘라Adula 병원 심신의학과에서 많은 환자들을 만나게 됩니다. 대부분 자신에게 주의를 기울이지 않아 심각한 위기에 직면하거나 병에 걸린 사람들입니다.

그중 50대 초반의 한 매니저를 예로 들겠습니다. 그는 자신이 탈진하게 된 경위를 이렇게 털어놓았습니다. "저는 오랫동안 제 몸을 돌보지 않았습니다. 저 자신과 제 욕구를 전혀 감지하지 않았습니다. 대인관계도 소홀히 했으며, 삶의 의미마저 잃고 말았습니다."

자신의 욕구와 한계에 주의를 기울이지 않을 때 탈진 현상이 나타납니다. '소진burnout'은 불이 다 타 버린 모습을 떠올리게 하는데, 이를 통해 몸과 영혼이 완전히 지친 모습을 선명하게 그려 볼 수 있습니다.

우리가 알고 있듯이 불은 물, 공기, 흙과 더불어 만물의 근본 요소에 속합니다. 그렇지만 불은 다음과 같은 점에서 세 가지 요소와 분명히 구분됩니다.

자연을 바라보십시오. 물과 공기와 흙은 남아돌 정도로 많다는 사실을 알 수 있습니다. 그러나 불은 그렇지 않습니다. 불을 피우려면 우리의 적극적인 활동이 필요합니다. 생활 속에서 불을 유지하기 위해 우리는 세심한 주의를 기울여야 합니다. 그래야만 불이 꺼지지 않고 오래 탈 수 있습니다.

인간은 여러 가지 삶의 조건을 따르면서 살아가야 합니다. 그중엔 불을 사용하는 일도 포함됩니다. 음식을 조리할 때는 불에 신경을 써야 합니다. 또한 가스는 원활하게 공급되고 있는지, 습하진 않은지 점검해야 합니다. 이렇듯 불을 사용하려면 주목하는 자세가 필요합니다. 그렇게 할 때 불은 우리에게 빛과 열로 기여할 수 있습니다.

불을 유지하기 위해서는 여러 요소들이 협연하고 균형을 이루어야 합니다. 각각의 요소들 또한 과부족이 없어야 합니다. 이런 맥락에서 볼 때 주목한다는 것은 불의 의미와 효과를 의식한다는 뜻입니다. 그리고 각각의 영역에 주의를 기울인다는 의미이기도 합니다. 어느 한쪽을 소홀히 하면(예컨대 가스가 제대로 공급되지 않는다거나 건조한 상태가 아닌 경우) 태우거나 불이 다 타 버릴 수 있습니다.

이러한 외적 표지를 우리가 처한 상황의 표지로 여길 때 분명하게 드러나는 점이 있습니다. 내면의 불꽃, 활력을 유지하려면 우리 자신, 의식, 주목이 필요하다는 것입니다. 내면의 불꽃을 유지하기 위해서는 주목해야 합니다. 그래야 태우지 않고, 다 타지 않고 머물 수 있습니다.

이 세상에 존재하는 만물이 네 가지 요소로 구성되었듯이, 삶을 제대로 영위하기 위해서는 인간의 네 가지 관점, 곧 생물학적 · 심리적 · 사회적 · 영적 차원이 서로 협력해야 합니다.

인간 존재의 모든 측면, 다시 말해 생물학적(신체적) · 심리적(생각과 감정) · 사회적(대인 관계) · 영적(인간은 어디서 왔으며 어디로 가는가?) 차원은 주목과 존중을 필요로 합니다. 그래야 탈진을 피할 수 있습니다.

안 좋은 상황에 처했거나 스트레스가 쌓였더라도 건강을 유지하려면 이 네 가지 측면에 주목해야 합니다. 인간 존재의 이러한 근본적인 측면에 주의를 기울일 때 삶의 불꽃과 활력이 바람직한 방식으로 유지될 수 있습니다. 그러나 이 네 가지 차원 중 어느 하나라도 소홀히 한다면 힘을 잃은 채 탈진하고 말 것입니다.

살아가면서 탈진 상태에 이르게 되면 자신에게 부족한 것은 무엇인지, 혹은 과도한 것은 무엇인지 면밀히 살필 필요가 있습니다. 이렇게 볼 때 "어디가 아프세요?" 하고 건네는 의사의 물음은, 결국 환자에게 부족한 것이 무엇인지 묻는 것입니다. 또 "무슨 문제가 있나요?"라고 던지는 물음은, 환자에게 과도한 것이 무엇인지 묻는 것입니다. 그러므로 중요한 것은 올바른 척도, 내적 균형을 다시 발견하는 일입니다.

하지만 올바른 척도, 모든 이에게 통용되는 잣대는 어디에도 없습니다. 우리는 외부에서 정해진 일반적 기준에 따라 종종 묻습니다. '사람은 어떻게 살아야 하는가? 사람은 무엇을 해야 하는가?' 이렇듯 우리는 대부분 '사람'이라는 테두리 안에서 생각하고 말하는 경향이 있습니다. 병원에 오는 이들을 보더라도 '사람'이라는 단어를 쓰지 않고서는 자기 자신에 관해 이야기하는 것을 힘들어하는 모습이 적잖이 눈에 띕니다.

우리는 자기 삶의 불꽃을 지키는 사람이 되어야 합니다. 그러려면 지금 이 순간 내게 맞는 기준이 무엇인지 주의 깊게 인지해야 합니다. 이 책을 읽으면서(일상에서도) 다음과 같은 물음들을 자신에게 거듭 던져 보길 바랍니다. '내게 가장 맞는 것은 무엇인가? 어떤 것을 접할 때 나는 기분이 좋은가?'

이때 자기 자신을 알 수 있는 좋은 '기준'이 있다면 많은 도움이 될 것입니다. 다음과 같은 근본적인 물음들을 거듭 던지는 가운데 자기 자신을 더욱 잘 알 수 있을 것입니다. '나는 누구인가? 누가 혹은 무엇이 내게 중요한가? 나의 가치관과 목표는 무엇인가? 나의 욕구는 무엇인가? 내가 갈망하는 것은 무엇인가? 내게 이로운 것은 무엇인가? 지금 내 문제는 무엇인가?'

"문제"를 의미하는 그리스어 'problema'는 내던져진 것, 앞에 놓인 것, 해결을 위해 제시된 것을 일컫습니다. 고대 그리스에서 이 용어는 본디 상인이 수레에 물건을 싣고 팔러 가면서 자신도 모르는 사이에 길 위에 떨어뜨린 물건, 다시 말해 도중에 잃어버린 물건을 가리킬 때 사용되었습니다. 이렇게 볼 때 '문제'라는 용어는 부족한 것에 대한 주의력을 환기시킵니다. 내가 가는 길에서, 나의 인생 마차에서 떨어뜨린 것은 무엇인가? 나의 삶에서 다시 중심을 찾으려면 무엇이 필요한가? 나는 어떤 필수품을 놓쳐 버렸는가? 나는 어느 구간에 머물렀는가?

사람들은 대부분 심리적으로 탈진되면 오랫동안 자신의 삶에 주의를 기울이지 않았다는 것, 자신의 몸과 욕구와 감정을 더는 인지하지 않았다는 것, 자신이 낯선 요구나 부정적인 생각의 포로가 되었다는 것을 고통스럽게 확인하게 됩니다.

문제, 탈진, 병, 위기는 우리에게 인간 본연의 임무를 환기시켜 줍니다. 자기 자신을 비롯해 스스로에게 선물로 주어진 삶과 진지하게 교류할 수 있도록 과거를 돌아보게 합니다. 삶이 어둡고 추워지면, 우리는 자신에게 불이 얼마나 절실히 필요한지 새삼 깨닫게 됩니다. 이렇게 볼 때 모든 위기와 병은 하나의 기회입니다. 내면의 일그러진 부분을 되살리기 위해 우리로 하여금 다시 일어나 나아가도록 촉구하는 기회인 것입니다.

우리는 자기 자신과 삶에 주목하고 돌이켜보며 깨어 있도록 늘 부름 받고 있습니다.

불이 그렇듯이, 우리의 삶 역시 그렇습니다. 불을 한 번 피우듯, 우리의 삶을 한 번 피우는 것으로는 족하지 않습니다. 자신이 경험하고 배운 것을 날마다 새롭게 적용해야 합니다. 주목하는 방법에 대해서 이 책이 많은 도움을 줄 것입니다.

이 책은 네 개의 장으로 구성되어 있습니다. 전체적인 의미에서 볼 때 주목은 인간 존재의 모든 차원을 포괄합니다. 1장에서는 우리 몸의 생물학적 특성, 몸의 욕구에 관해 다룹니다. 2장에서는 우리의 정신적 건강, 생각과 감정, 태도에 관해 규명합니다. 3장에서는 우리와 함께 사는 사람들 및 세상과의 관계에서 주목이 무엇을 의미하는지 밝힙니다. 끝으로 4장에서는 우리 삶의 영적 차원으로 시야를 돌려 봅니다.

이 책을 읽으면서 각 주제들이 해당하는 장에만 머물지 않고 서로 넘나든다는 사실을 알아차리게 될 것입니다. 각 주제들은 대부분 서로 겹치며 명확히 구분되지 않습니다. 사실 이렇게 구분하는 것은 약간 강제성을 띱니다. 인간 존재의 다양한 면을 엄격히 구분한다는 것은 실생활에서 불가능할뿐더러 별반 도움이 되지도 않습니다. 차례는 주제를 세부적으로 나누어서 다루기 위한 하나의 시도일 뿐, 결국 서로 분리될 수 없으며 전체적으로 보아야 합니다. 이 책의 모든 내용이 서로 연관되어 있습니다. 신체적 경험은 심리적·정신적 상태와 밀접한 관계에 있고 사회적 측면은 물론 영적 차원에도 지대한 영향을 미칩니다. 우리의 삶을 충분히 펼칠 수 있으려면 내면의 네 가지 측면, 곧 우리의 몸, 생각과 감정, 다양한 관계, 영적 실재實在에 주목해야 합니다.

차례

여는 글 · 004

머리말 · 008

1장 몸에 주목하라 · 018
몸의 신호
변화
병과 위기는 또 다른 기회다
단추를 제대로 채워라
닻을 내려라
축제의 밤
모든 것이 잠든 밤에
감각을 열어라
숨 돌릴 틈을 주어라
먹고 마시는 일에도 주목하라
현명한 소비

2장 생각과 감정에 주목하라 · 074
인지
상상과 실망
"예."
'내면의 추진자'
나의 감정은 소중한 자산이다
지나간 것과 앞으로 올 것
바람직한 삶
나의 갈망 감지하기

3장 관계에 주목하라 · 120

현명한 대인 관계

배우자와의 관계에 주목하라

아이는 하느님의 선물이다

인정과 사랑

자신이 하는 일에 주목하라

갈등 관계

함께 사는 세상

4장 영적 차원 · 168

전체 안에 있는 내 자리

연결

삶은 값진 선물이다

감사

침묵의 힘

열정

현재에 주목하라

오늘만을 위해

감사의 말 · 214

참고 문헌 · 215

1장
몸에 주목하라

몸의 신호

우리의 몸은 지혜가 깃든 기관입니다. 몸은 다른 경로를 거치지 않고 곧장 우리에게 말합니다.

자신의 상태가 어떤지, 이에 관한 정보를 우리는 몸을 통해 생생히 받습니다. 몸은 허기와 갈증으로 신호를 보냅니다. 몸은 자신의 상태가 양호한지 아니면 지쳤는지, 긴장했는지 아니면 이완 상태에 있는지 알려 줍니다. 지금 내가 추운지 더운지, 나의 욕구(먹는 것, 입는 것, 쉬는 것 등)가 과도한지 부족한지도 알려 줍니다. 이런 일차적 정보들을 흘려 넘길 경우에 어떻게 되는지는 몸을 통해 또렷이 나타납니다. 구약 성경에 나오는 표상 하나를 예로 들어 보다 구체적으로 설명하겠습니다.

구약 성경에서 발라암 예언자에 관한 이야기(민수 22장)가 나옵니다. 발라암은 이스라엘 사람들을 저주하기 위해 나귀를 탄 채 길을 가고 있었습니다. 하느님께서 이를 보시고 진노하셨습니다. 그래서 주님의 천사가 그를 막기 위해 칼을 빼어 들고 길에 서 있었는데, 나귀만이 천사를 알아보았습니다. 주님의 천사를 세 번째로 보자, 나귀는 발라암을 태운 채 주저앉아 버렸습니다. 발라암은 화가 나서 지팡이로 나귀를 때렸습니다. 그러나 나귀는 더 이상 주인에게 복종하지 않았습니다.

나귀가 양쪽에 담이 있는 좁은 길에 들어섰을 때, 발라암은 나귀를 때릴 것이 아니라 먼저 나귀 등에서 내려 그 이유를 살펴야 했습니다.

그랬더라면 자신을 죽음으로부터 지키기 위해 나귀가 반항했다는 사실을 깨달았을 것입니다.

이 이야기는 우리 몸을 설명하는 데 꼭 들어맞는 표상입니다. 우리는 몸을 나귀처럼, 평생 주인에게 복종하는 것으로 만족하는 나귀처럼 바라보고 있지는 않은지요? 혹시라도 우리가 애지중지하는 귀한 선물로 몸을 바라볼 수 있지 않을까요?

나귀가 말을 할 줄 알아서 주인에게 이렇게 묻는다고 상상해 봅시다. "저는 주인님이 항상 타고 다니시는 충직한 나귀가 아닌가요? 제가 언제 주인님 뜻을 거스른 적이 있던가요?"

나귀(우리 몸의 상징으로서)는 단순히 고집 세고 다루기 힘든 동물이 아닙니다. 앞의 이야기에서 나귀는 예언자 이상의 역할을 수행합니다. 몸도 마찬가지입니다. 몸은 우리가 전혀 원하지 않는 방식을 통해서도 결정적인 것을 표현합니다. 우리가 자신의 한계를 넘어서지 말고 쉬라는 몸의 외침을 계속 듣지 않는다면, 몸은 우리에게 강력히 '파업'을 선언하려 할 것입니다.

사람들이 병원을 찾는 원인은 대부분 몸과 마음에서 비롯된 것입니다. 몸이 우리에게 말하고 있는 것이지요. 그러므로 우리는 몸이 건네는 말에 주의를 기울여야 합니다. 몸은 자기 나름대로의 방식으로 진실을 표현합니다. 우리가 몸의 언어를 제대로 알아듣지 못하면 균형을 잃게 됩니다. 몸이 주는 신호를 알아듣는 법을 연습할 때, 몸이 표현하는 진실을 더 잘 받아들일 수 있습니다.

몸의 신호를 열린 자세로 진지하게 받아들일 때, 몸이 우리에게 무엇을 전달하려 하는지 알 수 있습니다. 우리가 몸의 언어를 더 많이 해독할수록 신뢰하는 자세로 몸과 자유롭게 소통할 수 있습니다. 내적 균형을 이룰 때, 우리 몸은 좋은 상태를 유지합니다. 그렇지 않을 경우, 몸은 불편한 방식으로 우리가 알아차리게 해 줍니다. 몸은 자신이 불균형 상태에 있다는 것을 우리에게 상기시키고 균형을 이루도록 애쓰라고 요청합니다. 그렇게 하지 않은 사람은 몸과 영혼에 해를 입을 위험에 놓이게 됩니다. 영혼도 내면의 지혜를 표현하는 실체로서 우리와 소통하고 싶어 합니다.

영혼은 주로 몸을 통해 우리에게 말합니다. 우리가 영혼이 건네는 말을 진지하게 듣지 않는다면, 영혼은 몸에게 이렇게 말할 것입니다. "네가 대신 말해 주렴. 그 사람이 내 말을 듣지 않는다고."

몸과 영혼은 하나입니다. 몸과 영혼은 우리의 말을 듣고 싶어 합니다. 당신은 다음 물음들에 답하면서 자신의 몸과 소통하도록 초대할 수 있습니다.

주목을 위한 물음

- 당신은 자신의 몸을 경이로운 작품으로 대합니까?
- 당신의 몸을 어떻게 다스리고 있습니까?
- 당신은 자신의 몸을 살아 있는 유기체로, 당신과 소통하고 싶어 하는 지혜로운 친구로 바라봅니까?

- 당신은 몸이 건네는 말에 귀를 기울입니까?
- 혹시 자신의 몸을 성능 좋은 자동차처럼 부리고 있지는 않습니까?
- 당신은 먹고 마시고 움직이고 쉬기를 바라는 몸의 신호에 주의를 기울입니까?
- 자신이 긴장했거나 긴장이 풀린 상태를 무엇으로 압니까?
- 더 나아가 당신의 몸과 어떤 방식으로 소통합니까?
- 당신은 한계를 가르쳐 주려는 몸의 신호를 알아차립니까?
- 최근에 몸에 이상 증세가 나타났을 때 주의를 기울였습니까?

자신의 신체적 반응에 주의를 기울이는 것은 바람직한 태도입니다. 당신은 자신의 몸과 친구처럼 대화할 수 있습니다. 몸의 상태가 어떤지 언제든 물을 수 있습니다. 몸은 당신의 물음에 성실하게 대답해 줄 것입니다. 당신이 이 책을 읽는 지금 이 순간에도 몸의 상태가 어떤지 물어보십시오. 다정하고 진지하게 몸의 상태를 묻는다면 어떤 현상이 일어날까요? 몸은 당신에게 어떻게 대답할까요?

당신이 몸을 친구처럼 다정하게 대할 때 몸도 당신에게 솔직하고 성실하게 반응합니다. 그러나 당신이 몸을 거부한다면, 몸이 당신과 어떻게 대화할 수 있겠습니까? 탐탁지 않은 사람과 한바탕 싸우고 나면 그 관계는 더 나빠지기 마련입니다. 몸도 마찬가지입니다. 당신이 몸을 거부하면 몸도 똑같이 반응합니다.

주목은 주의와 존중과도 통합니다. 당신의 몸에, 몸의 욕구와 메시지에 주목하는 것은 당신이 몸에 주의를 기울이고 몸을 존중하기 위한 전제 조건입니다. 몸에 주의를 기울이고 몸을 존중한다는 것은, 몸이 당신에게 선사하는 것에 대해, 세월이 흐르면서 달라지는 것들에 대해 "예."라고 대답한다는 뜻입니다. 자기 자신과 자신의 몸에 대해 "예."라고 대답하는 것은 건강한 자기애의 발판이 됩니다.

하지만 때때로 자신의 몸에 대해 "예."라고 대답하기가 어렵습니다. 그런데 다른 것에 대해 "예."라고 대답하는 경우도 있지요. 제한하거나 방해하는 것, 병에 대해 "예."라고 대답하는 것입니다. 그러나 병에 대해 "아니요."라고 대답하며 병을 거부하고 맞서 싸운다면, 몸은 이 병을 통해 우리에게 무언가를 어떻게 전달하고 이해시킬 수 있을까요?

이명耳鳴 증세가 심했던 환자는 이렇게 말했습니다. "마치 누군가가 방문을 두드리는 듯한 소리가 한동안 귀에서 계속 울렸습니다. 저는 그 소리에 저항하며 문에 다가가 외쳤습니다. '꺼져!' 하지만 아무 소용이 없었어요. 결국 저는 문 앞에서 그 정체의 관심사가 무엇인지 물어보기로 마음먹었습니다. 그때 제가 앓고 있던 이명 증세가 저에게 절박하게 알려 주려는 것이 무엇인지 깨닫게 되었습니다. 저는 인정받으려는 욕구가 매우 강한 사람임을 알게 되었지요. 이젠 더 이상 팽팽하게 긴장할 필요도 없고, 저 자신을 더욱 사랑하며 있는 그대로 받아들여야 한다는 것을 잘 알고 있습니다."

그러나 병이 주는 메시지를 우리가 알아듣기까지는 대부분 오랜 시간이 걸립니다.

병은 지금까지 우리가 이룬 것을 뒤집어엎고 심한 타격을 가할 수 있습니다. 그러나 병은 바로 그 자체로써 (흡사 확대경처럼) 무엇이 문제인지 대답해 줄 수 있습니다. 훗날 병을 앓은 것이 다행이었으며 감사한 마음이 들었다고 말하는 사람들도 있습니다. 병을 통해 자신의 삶에서 뭔가 중요한 것을 경험했거나 새롭게 시작할 수 있기 때문입니다. 병이 우리에게 도전합니다. 동시에 병은 우리가 주목하도록 요청합니다.

주목하지 않는 사람은 삶에서 정작 중요한 것을 계속 잃게 됩니다. 병으로 인해 주목하는 사람은 다시 내적 균형을 이룰 수 있습니다. 그는 자신에게 중요한 것, 근본적인 것이 무엇인지 묻고 이를 경험할 수 있습니다.

연 습 . . 내 몸에 감사하기

당신의 몸이 얼마나 놀라운 방식으로 제 기능을 다하는지 인지하십시오. 당신의 몸이 얼마나 지적知的인지 인식하십시오. 몸은 당신의 적극적인 협조 없이도 대단히 복잡한 정화 작용(호흡, 배설 등)과 조절 작용(호르몬, 혈당 등)을 끊임없이 수행합니다. 몸은 자연 치유 장치가 있는 위대한 기관임을 인식하십시오. 당신의 몸은 부러진 뼈를 다시 붙게 하고 상처도 낫게 할 수 있습니다. 당신의 눈과 귀, 손이나 다리 등이 얼마나 경이로운 작품인지 생생하게 그려 보십시오. 신체 기관이 날마다 당신에게 봉사한다는 것을 생각하십시오. 당신의 몸이 당신에게 얼마나 큰 기쁨을 선사하고 당신을 새롭게 해 주는지 인식하십시오.

많은 환자들이 신체적 고통을 호소합니다. 그 가운데 허리 통증이 첫 순위로 꼽힙니다. 요즘 국민병으로 통하는 허리 통증에 더 많은 주의가 요청되고 있습니다. 하루 종일 직장에서 일하다 보면 몸을 움직일 기회가 적습니다. 시간이 자루 안에 갇힌 채 흘러갑니다.

오늘날 우리는 심리적 중압감에 짓눌리며 살고 있습니다. "자세를 바르게 하십시오." "허리를 곧게 세우십시오." "어떤 것에도 매이지 마십시오." "목을 길게 빼십시오." "불운을 딛고 일어서십시오." "삶에 순응하십시오." 이러한 표현들은 우리의 심리적·정신적 체험이 허리 상태와도 연관되어 있음을 말해 줍니다. 힘든 상태(불안, 분노, 스트레스)에 있으면 근육이 팽팽하게 뭉치기 마련입니다. 이렇게 근육이 뭉치는 것은 인류 역사에서 볼 때 커다란 곰을 만났다거나, 도망치거나 공격할 준비를 할 경우에 주로 나타나던 현상이었습니다.

그러나 오늘날 우리가 힘든 상황에 처했을 때 반사 작용을 하는 것으로는 문제가 해결되지 않습니다. 그래서 몸이 긴장되고 고통을 호소하는 것입니다.

고통이란 무엇일까요? 고통은 우선 소통 수단입니다. 몸은 고통을 통해 우리와 소통하고 우리에게 뭔가 중요한 것을 알려 주려 합니다.

고통은 매우 중요한 정보로서 우리로 하여금 행동하도록 이끕니다. 그런데 우리는 고통을 마치 불청객처럼 취급합니다. 정작 우리가 가두고 싶은 불청객은 뜻대로 할 수 없는데 말이죠. 고통 연구에 따르면, 만성적인 고통을 극복하는 데 심리적·정신적 측면이 점점 더 중요해지고 있다고 합니다. 이 말은 고통이 발생했을 때뿐만 아니라 고통을 치료할 때도 적용됩니다. 고통을 인지하고 떠올리며 다루는 것은 우리의 심리적·정신적 상태와 밀접한 관계가 있습니다.

허리 통증과 관련하여 다음 물음들을 던지는 것이 도움이 될 수 있습니다.

주목을 위한 물음

- 내가 끊임없이 생각하는 것은 무엇인가?
- 지금 나를 짓누르는 것은 무엇인가?
- 내가 안고 있는 무거운 짐을 어느 정도까지 내려놓을 수 있는가?
- 마음의 짐을 내려놓는 데 누가 도움을 줄 수 있을까?
- 내가 할 일은 무엇인가?
- 다시 일어나 전진하려면 무엇이 필요한가?

허리 통증이 계속 나타난다면 자신에게 이렇게 물어보십시오. 허리 통증이 생기는 상황은 무엇과 연관된 것인가? 지속적으로 영향을 미치는 요인이 있는가?

허리 외에 다른 신체 기관들도 스트레스에 반응합니다. 이런 신체 기관들은 마치 지진계처럼 조기 경고 시스템을 갖추고 있습니다. 인간에게는 누구나 스트레스를 받았을 때 첫 신호를 보내는 신체적 영역이 있습니다. 이 신호는 고통이나 한 신체 기관의 기능 장애로 나타날 수 있습니다. 당신은 자신의 지진계가 어떤 것인지 알고 있습니까?

다음 연습은 이른바 '바디스캔body scan' 방식과 같은 것으로, 스트레스 조기 경고 시스템을 인식하는 데 도움을 줄 것입니다. '바디스캔'이란 MBSR 프로그램에 들어 있는 다양한 연습 중 하나인데, 본래는 몸 전체를 면밀히 검사하는 방식입니다. 이 방식의 장점은 언제든지 실행할 수 있다는 것입니다. 이 방식을 통해 지금 이 순간 자기 자신이 어떤 상태인지 짧게 파악할 수 있습니다. 연습하기 전에 당신의 지진계를, 스트레스를 받았을 때 당신에게 첫 신호를 알리는 신체 기관을 택하십시오.

연습 . . 나의 지진계

자리에 편히 앉아 자세를 바르게 하고 눈을 감으십시오. 먼저 호흡을 인지하십시오. 숨을 들이쉬고 내쉴 때의 느낌을 의식하십시오. 이제 당신의 몸에 주의를 기울이십시오. 관심을 집중하며 당신의 몸을 인지하십시오.

어쩌면 당신이 내면으로 향한 안테나를 가지고 있다고 상상하는 것이 도움이 될 수 있습니다. 그 안테나를 먼저 몸 전체로 돌리십시오. 이

어서 스트레스를 받을 때마다 특히 민감하게 반응하는 신체 부위(어깨, 목 부위 등)에 내적 안테나를 맞추고 주목하십시오. 바로 그 순간에 드는 느낌을 인지하십시오. 그리고 그 느낌이 달라지지 않도록 애쓰십시오. 그때의 느낌을 모두 인지하십시오. 쩌르는 느낌, 억압, 온기, 한기, 긴장, 고통이 생깁니까? 그 느낌은 쾌적한가요, 아니면 불쾌한가요? 그때 드는 느낌을 변화 없이 인지할 수 있도록 애쓰십시오. 다시 호흡에 주목하면서 서서히 눈을 뜨며 이 연습을 끝내십시오.

'사티Sati'는 고대 불교 경전(팔리Pali 어 경전)에서 '주목'에 해당하는 용어로, 약간의 뉘앙스가 담겨 있습니다. '사티'는 지금 이 순간에 주의를 기울인다는 뜻 외에 '기억'이라는 의미도 있습니다. 이로운 것이 무엇이고 도움이 되는 것은 무엇인지 기억해 내는 것입니다. 그때그때 마주치는 상황에서 당신에게 도움이 되는 것은 무엇입니까? 몸에 주목한다는 것은 당신의 몸이 지금 어떤 상태에 있는지 아는 것이요, 몸이 편안하려면 무엇이 필요한지 기억해 낸다는 뜻입니다. 앞의 연습을 하면서 당신은 무엇에 주의를 기울였습니까? 당신의 몸은 휴식, 운동, 누군가의 관심, 신선한 공기를 필요로 합니까? 혹은 노래하기, 춤추기, 놀기, 그림 그리기 등을 바랍니까?

자신의 몸에 주목한다는 것은 몸의 요청에 책임 있게 응한다는 뜻이기도 합니다. 그렇게 할 때 당신의 몸은 제 기능을 수행할 수 있습니다. 하지만 당신은 몸의 요청을 바로 실행하지는 못할 것입니다. 그래도 몸이 무엇을 필요로 하는지 제대로 안다면, 다음 기회가 왔을 때 몸의 욕구를 채우려고 애쓰게 되겠지요.

변화

우리 몸은 규칙적으로 움직이는 유기체입니다. 날마다 적절한 방식(밖에 나가 신선한 공기를 마시며 운동하는 것이 가장 좋습니다)으로 운동한다면, 이는 몸에만 좋은 것이 아니라 영혼에도 유익합니다. 운동은 스트레스를 줄일 수 있는 좋은 방법 가운데 하나입니다. 땀을 흘리며 열심히 운동하고 나면 기분이 한결 좋아진다는 사실을 우리는 경험으로 알고 있습니다. 물론 무리하게 운동해서는 안 되겠지요. 규칙적인 운동은 우울증을 막는 데 효과적인 것으로 증명되었습니다.

　운동을 등한시하면 내적 긴장에서 벗어나기 어렵습니다. 컴퓨터 앞에 앉아 게임에 열중하는 청소년들을 연구한 결과, 이때 아드레날린이 대단히 많이 분비된다는 사실이 밝혀졌습니다. 반면에 운동을 하면 긴장에서 벗어날 수 있다는 연구가 나왔습니다.

　일상생활에서 규칙적인 운동은 매우 유익합니다. 그런데 여기서 두 가지 부분을 짚어 보고 싶습니다. 첫째, 우리가 운동하는 시간에 매여 있다는 것입니다. 만약 자신을 압박하며 "지금 조깅하러 나가야 해."라고 말한다면, 자칫 쉬고 싶어 하는 몸의 욕구를 흘려 넘길 수 있습니다. 바로 지금, 당신의 몸에 이로운 것이 무엇인지 정확히 알고 이를 실행하십시오.

둘째, 너무 춥거나 비가 많이 내리면 우리는 '나쁜' 날씨를 탓하며 밖으로 나가기를 망설인다는 것입니다. 이때에도 당신의 몸이 진짜 필요로 하는 것이 무엇인지 주목하십시오. 그것이 운동이라면, 이는 당신의 몸을 단련하는 좋은 방법일 뿐만 아니라 당신의 의지도 강화할 수 있는 기회입니다. 그런 상황에서는 스스로 이렇게 다짐하십시오. "참으로 멋진 날씨군. 이렇게 비가 내리는 것은 내 몸과 결단력을 훈련할 수 있는 좋은 기회야." 모든 상황에서 자기 자신을 사랑스럽게 대하고 스스로에게 이로운 것을 찾으십시오. 일반적으로 통용되는 기준이 아니라, 당신이 정한 올바른 기준이 중요합니다. 이때 자신에게 이로운 것이 무엇인지 바로 안다면 도움이 될 것입니다. 당신은 아무것도 하지 않고 빈둥빈둥 놀고 싶습니까? 아니면 자신에게 엄격하여 쉬고 싶어 하는 몸의 욕구를 경솔하게 흘려 넘기나요? 이것을 제대로 감지하는 사람은 바로 당신 자신입니다.

신체 기관을 사용하는지 여부에 따라 다른 변화가 일어납니다. 근육을 예로 들 면, 이 말이 타당하다는 것이 명백히 드러납니다. 근력 운동을 규칙적으로 하면 근육이 잘 발달하고 체구도 단단해집니다. 반면에 근력 운동을 하지 않으면 근육은 약해지고 맙니다. 이러한 현상은 근육뿐만이 아니라 모든 신체 기관에도 적용됩니다. 의사이자 저널리스트이며 작가인 에크하르트 폰 히르슈하우젠Eckart von

Hirschhausen은 간장肝腸을 예로 들어 재치 있는 표현을 썼습니다. "간장은 자기 일을 하면서 커 간다."

독일의 저명한 신경학자인 게랄트 휘터Gerald Hüther는 이 원칙이 인간의 뇌에도 적용된다는 것을 강조합니다. 뇌는 유연한 기관입니다. 그래서 모양이 평생 달라집니다. 텔레비전을 볼 때, 뇌는 시청하기에 적절한 형태로 모양이 바뀝니다. 택시 기사의 뇌는 방향 감각이 뛰어난 형태로 발전합니다. 청소년들의 뇌를 연구한 결과에 따르면, 청소년기에는 이른바 '엄지손가락을 세우기 위해' 뇌의 용적이 증대된다고 합니다. 휴대 전화로 문자 메시지를 보내거나 흥미진진한 비디오 게임에 빠질 때도 그렇습니다. 우리가 날마다 연습할 때, 뇌는 활발히 움직이며 모양이 달라집니다. 더불어 우리 자신도 변화됩니다.

신체 기관의 사용 여부에 따라 변화는 다르게 나타납니다. 이 말은 우리 몸을 전체로서 바라볼 때뿐만 아니라 '지혜의 기관'으로 바라볼 때도 적용됩니다. 몸에 잠재된 지혜는 오직 우리가 신뢰할 때만 활용할 수 있습니다. 몸에 깃든 지혜는 우리의 다양한 경험에서 비롯된 것입니다. 우리 몸은 순전히 머리로만 인식하는 것보다 몸 자체를 통해 깨달은 것을 더 많이 간직하고 있습니다. 우리가 살아가면서 의미 있는 체험을 할 때 몸에 기억의 흔적이 남습니다. 물론 뇌로 기억하지만, 우리 몸 자체가 기억이기도 한 것입니다. 비록 뇌가 까마득히 어린 시절의 경험을 기억해 내지 못해서 우리가 그때 만났던 이들의 이야기에 의존해야 할지라도, 몸은 그 시절의 신체적 기억을 간직하고 있습니다. 그래서 어린 시절의 인상적인 경험들이 우리의 피가 되고 살이 되었습니다. 한편, 큰 상처를 남긴 경험은 여전히 뼛속 깊이 숨어 있습니다. '지혜의 기관'인 몸은 우리가 그런 아픈 경험을 되풀이하지 않도록 신호를 보내며 우리를 보호합니다.

몸은 우리가 살아오면서 경험한 것들을 간직하고 있습니다. 우리가 '지금, 여기'에서 딱 부러진 결정을 내릴 수 있도록 인생의 경험들은 우리를 도와주려 합니다. 신체적 반응을 통해서 말입니다. 복통, 위통, 심장 박동, 호흡 장애를 몸의 언어로 인지하십시오. 몸이 하는 말에 귀를 기울이고 그 말을 알아듣는 법을 배우십시오. 몸은 삶의 풍요로운 경험들을 간직하고 있습니다. 당신은 언제든지 그것을 끄집어낼 수 있습니다.

병과 위기는 또 다른 기회다

릴케Rilke는 어느 시에서 이렇게 표현했습니다. "우리는 자라나는 나이테 안에서 살고 있다." 살아가면서 우리는 다양한 단계를 거칩니다. 이는 우리에게 변화가 필요하다는 말입니다. 이렇듯 우리는 다양한 단계를 거치며 변화와 과도기를 맞게 되는데, 이는 병이나 위기로 인한 단절로 나타날 수 있습니다. 그러나 이 단계들은 우리가 성장하고 성숙해질 수 있는 기회도 제공합니다.

"위기"를 뜻하는 한자 '危機'는 "위험"을 의미하는 글자와 "기회"를 의미하는 글자로 이루어져 있습니다. 이렇듯 위기에는 두 가지 의미가 담겨 있습니다. 위협 요인과 함께 더 나은 쪽으로 향한다는 것입니다. 그러니 위기를 도전으로 받아들이십시오! 기회를 이용하십시오!

위기 앞에서 우리는 특별한 주의를 기울여야 합니다. 위기에는 실망이 따르기 마련이니까요. 위기에 처했을 때, 환멸로부터 벗어나기가 어렵습니다. 대부분 자기 자신에 대한 환멸입니다. 우리는 자기 자신에게 무언가를 해 보이지만, 뭔가 다른 것을 아직 알 수 없습니다. 우리는 삶을 고속도로처럼 여길 때가 많습니다. 그리하여 전속력을 내며 고속도로로 차를 몹니다. 위기에 봉착해서는 삶이 지금까지와는 다른 방향으로 나아갈 것임을 감지합니다. 심각한 위기에 처하면 더 이상 살 수 없다는 생각마저 듭니다. 실제로 그런 상황에서는 더 이상 아무것도 계속할 마음이 없고, 계속할 수도 없습니다.

위기를 맞으면 자신이 '몰락했다'는 생각이 듭니다. 그러나 "몰락하다"라는 뜻의 독일어 'zu Grunde gehen'을 글자 그대로 풀이하면 "뭔가가 가라앉다, 가장 깊은 곳까지 밀고 들어오다"라는 의미가 됩니다.

병들거나 위기에 처하면 상처를 받게 되고 삶이 깨졌다는 생각까지 듭니다. 예전에는 안정된 것, 당연한 것, 별 문제 없이 유지되었던 것들이 이제는 다른 옷을 입고 있습니다. "딸이 암에 걸린 뒤에야 저는 깨어 있게 되었습니다. 그리고 '지금, 여기'의 삶을 존중하는 법을 배우게 되었습니다." 50대 중반의 여성이 들려준 말입니다.

사고, 병, 죽음, 이별에 직면하면 거듭 묻지 않을 수 없습니다. 무엇이 문제인가? 내 인생에서 정말로 중요한 것은 무엇인가? 장애물이 다가와 문턱을 넘고 우리를 줄기차게 따라다닙니다. 그러나 병과 위기는 우리가 내면의 지혜에 눈을 돌려 내적 자유를 얻을 수 있는 기회입니다. 심각한 위기에 처했을 때, 내면의 지혜에 비추어 더 이상 중요하지 않고 유지할 필요가 없는 것들이 무엇인지 분별할 수 있습니다.

우리는 살아가면서 자신의 뜻과 달리 뛰어넘을 수 없는 한계에 부딪힐 때가 많습니다. 자신이 벽 앞에 서 있다는 느낌이 듭니다. 그러나 이런 격언도 있습니다. "변화는 벽에 부딪쳤을 때 일어난다."

그림 형제의 동화 중에 우리가 잘 알고 있는 '개구리 왕자'를 떠올려 볼까요? 화가 머리끝까지 난 공주가 개구리를 집어 들고 힘껏 벽에 내동댕이치자, 극적인 반전이 일어나지요. 개구리가 멋지고 늠름한 왕자로 변신합니다. 살아가면서 자신이 벽에 내동댕이쳐졌다고 느낄 때 중요한 것은, 반전이 일어나 왕자 혹은 공주로 변신하는 것입니다. 벽에 부딪쳤다고 주저앉아서 마냥 침울해할 필요가 없습니다.

때로는 삶이 당신을 벽 가까이 혹은 닫힌 문 앞으로 인도한다는 사실을 받아들이십시오! 당신은 굳게 닫힌 문 앞에 서서 그 문을 응시할 것입니다. 혹은 다른 문이 있는지 살펴볼 수도 있습니다. 삶은 그런 것입니다. 한쪽 문이 닫히면 다른 쪽 문이 열립니다.

주목을 위한 물음

- 당신은 지금 삶의 어느 단계에 와 있습니까? 그 단계를 통해 삶이 당신에게 가르쳐 주는 것은 무엇입니까?
- 당신은 지금 자신이 발전 과정에 있다는 것을 받아들입니까? 혹은 지금과 다른 상태에 있기를 바랍니까?
- 당신은 나이, 신체적 제약, 병에 대해 "예."라고 말합니까? 병으로 생긴 일에 대해서도 "예."라고 말합니까?
- 위기는 인간이 발전하는 데 의미 있다는 것을 인정합니까?
- 성장은 '성장통'과 연관되는 경우가 많습니다. 성장하려면 고통도 따른다는 사실을 받아들입니까?

당신이 지금 변화 과정에 있다면 다음 물음들을 던져 보는 게 도움이 될 것입니다. 지금 내게 중요한 것은 무엇인가? 다음 단계는 무엇인가? 삶은 지금 나에게 무엇을 선사하는가? 내가 중요하게 여기는 것은 그때그때 처한 상황에서 어떤 영향을 미치는가?

위기에 처했을 때 나는 개인적으로 다음과 같이 하는 것이 큰 도움이 됩니다. 지난날 삶으로부터 받은 선물을 떠올리는 것입니다. 내게 절실히 필요했던 것들을 받은 때뿐만 아니라 바랐던 것들을 받지 못한 때도 떠올려 봅니다.

변화 과정은 외적으로 볼 때 대부분 어려움으로 다가옵니다. 이때 우리는 다음과 같이 말하며 첫 반응을 보입니다. "나는 그렇게 바라지 않았어." "내가 주문한 것은 그게 아니야." 이렇게 자신에게 닥친 것을 거부합니다. 그러면 변화는 일어나기 어렵습니다. 변할 수 없는 것에 대해 "아니요."라고 말한다면 삶은 어렵게만 느껴질 것입니다. 이것이 우리를 짓누르고 힘들게 합니다.

그러나 호기심을 가지고 개방적인 태도를 보인다면 어려움 앞에서도 도전 정신을 지닐 수 있습니다. 그런 가운데 상황을 바라보는 시각이 달라집니다. 무언가가 내게 도전하려 합니다. 그런데 나는 지금 어딘가에 꼭꼭 숨어 있습니다. 무언가가 나를 거기서 끌어내려 합니다. 무언가가 나를 요구하면서 다른 무언가를 내 뜻에 맡깁니다. 나를 요구하는 그 무언가는 앞으로 나아가라며 재촉하기도 합니다. 나를 발전 과정에 들어서게 합니다. 내게 어려움으로 다가오는 것이 결국 앞에서 나를 이끌어 주며 다음 단계로 넘어가게 합니다. 중요한 것은 매사에 가장 좋은 것을 발견하는 일입니다. 그리고 이러한 일은 삶에서 늘 일어난다는 사실을 믿으십시오. 하느님께서 이 세상을 좋게 만드셨다는 것을 굳게 신뢰할 때, 삶이 당신을 이롭게 한다는 것을 신뢰할 때 다음과 같은 생각들 앞에서 더 쉽고 빨리 마음을 열 수 있을 것입니다.

변화 과정에 있을 때 내적으로 불안하고 불확실하고 막막한 것은 지극히 당연한 일입니다. 그러나 삶 속에서 우리의 발걸음은 늘 새로운 것을 추구합니다. 이것 역시 자연스러운 현상입니다. 어떻게 보면 불확실한 감정은 우리가 새로운 곳으로 발을 내딛기 위해 필요한 것입니다. 이를 더 명확히 보여 주기 위해 당신에게 간단한 연습을 추천합니다.

연습 .. 균형 이루기

- 똑바로 서서 두 다리를 허리 너비만큼 벌리십시오.
- 매우 천천히 왼쪽 다리를 높이 쳐드십시오. 이 동작을 의식적으로 하면서 오른쪽다리로만 서 있는 자세가 얼마나 불안정한지 느껴 보십시오. 왼쪽 다리를 바닥에 내릴 때까지 이 자세에 집중하십시오.
- 오른쪽 다리도 똑같은 방법으로 연습하십시오.

이 연습을 통해, 변화 과정에서는 뭔가 중요한 것이 일어난다는 것을 알 수 있습니다. 당신이 지금 있는 곳에서 먼저 안정감을 누리십시오. 이는 매우 가치 있는 일입니다. 당신은 지금 정지 상태에 있습니다. 그러나 삶은 변화합니다. 삶은 앞으로 나아가는 것입니다. 그런데 앞으로 한 걸음 한 걸음 나아가려면 용기가 필요합니다. 자신에게 친숙한 공간을 떠나는 용기를 내야 앞으로 나아갈 수 있습니다. 지금 누리고 있는 안정감과 균형 잡힌 삶을 포기하는 용기를 낼 때 새로운 방식으로 다시 균형을 이룰 수 있습니다.

연습 .. '삶의 강'

시냇가나 강가로 가서 잠시 조용히 머무르십시오. 물의 흐름을 느끼십시오. 물이 어떻게 흐르는지 바라보십시오. 물이 굽이에 와서 빙빙 감아도는 모습, 크고 작은 형태로 소용돌이치는 모습을 바라보십시오. 물은 한 순간도 멈추지 않고 계속 흘러간다는 사실을 인지하십시오. 흐르는 물을 바라보면서 삶도 끊임없이 변화한다는 것을 깨닫게 될 것입니다.

단추를 제대로 채워라

당신의 삶이 가장 아름답게 피어나도록 하루하루에 기회를 주어라.
― 마크 트웨인Mark Twain

아침에 일어나면서 이미 우리는 새날의 행복을 위한 주춧돌을 놓았습니다. 우리의 삶이 가장 아름답게 피어나도록 새날에 기회를 주는 것은, 우리가 오늘 하루를 어떻게 시작하느냐에 달렸습니다. 비유를 들어 보겠습니다. 셔츠에 달린 단추가 제대로 채워졌느냐, 그렇지 않느냐는 첫 단추가 결정합니다. 첫 단추를 잘못 채우면 모든 단추를 잘못 채우게 됩니다. 반대로 첫 단추를 제대로 채우면 나머지 단추들도 수월하게 채울 수 있습니다.

주 목 을   위 한   물 음

잠시 시간을 내어 당신이 오늘 아침에 어떻게 일어났는지 떠올리십시오. 어떤 생각을 하며 일어났습니까? 기쁨 혹은 감사하는 마음으로 새 날을 맞았습니까? 어떤 일을 반드시 해야 한다는 생각에 아침마다 억눌리는 듯한 기분이 들진 않습니까? 주어진 일을 절대로 해내지 못할 것이라는 생각, 혹은 기분 나쁜 날이라는 생각 때문에 자기 자신을 깎아내리거나 오늘 하루를 흔쾌히 맞이할 수 없습니까? 아침에 일어날 때 이런 생각을 하면 기분이 어떤지요? 이런 생각들은 행동에 어떤 영향을 미칩니까? 당신은 오른쪽 다리를 세우면서 침대에서 내려왔습니까? 아니면 마지못해 잠자리에서 기어 나왔습니까? 아침 식사를 여유 있게 했습니까? 아니면 늦게 일어난 탓에 식사를 거르고 말았나요? 당신은 뭔가 좋은 것을 하기 위해 시간을 낼 수 있습니까? 명상하거나 책을 읽으며 자신의 생각도 펼치나요?

아침에 일어나면서 새날에 주목하겠다고 결심할 수 있습니다. 당신이 새날에 선사하는 생각에 주의를 기울일 수 있습니다. 새날에 자신의 생각을 건설적인 방향으로 돌리겠다고 결심할 수 있습니다. 예컨대 자신에게 이렇게 말하십시오. "나는 오늘만을 위해 '지금 이곳'에서 최선을 다하며 살겠다." 당신이 아침마다 하루를 시작하듯, 하루하루가 당신에게 다가옵니다. 그러니 당신 자신에게 인사하십시오. 새날을 위해 당신 자신에게 최상의 것을 바라십시오. 원한다면 그것을 생각으로만 그치지 말고 말로도 표현하십시오.

오늘 하루가 놀라운 날이 될 수 있다고 믿으십시오! 당신이 할 수 있는 유일한 일은, 오늘이 놀라운 날이 될 수 있도록 새날에 기회를 주는 것입니다. 당신 자신과 당신의 생각이 중요합니다. 당신이 새날에 생각을 선사하는 것입니다.

당신이 건설적이고 긍정적인 생각을 하겠다고 결심하지 않는다면 낡고 부정적인 생각들이 당신의 하루에 어두운 색을 입힐 것입니다. 하루를 몹시 서두르거나 부주의하게 시작한다면 당신의 하루는 계속 이런 식으로 나아갈 위험이 큽니다. 무거운 짐이 마음을 짓누르고 기분도 저조한데, 이에 맞서 적극적으로 대응하지 않으면 하루 종일 그런 상태로 살아갈 수밖에 없습니다.

아침에 일어나면서 당신의 '생각-기차'를 궤도에 올려놓고 오늘 하루 동안 이 기차를 어느 방향으로 달리게 할 것인지 정하십시오. 지금까지 이를 의식하지 않았더라도, 당신은 이미 아침에 일어나면서 하루를 특정한 방향으로 이끌었습니다. 세계적으로 잘 알려진 틱낫한 스님은 '생각-기차'를 건설적인 방향으로 달리게 할 수 있는 시를 추천했습니다.

아침에 일어나면서 나는 미소 짓는다.
새로운 스물네 시간이 내 앞에 있다.
순간순간 깨어 있기를,
그리고 모든 존재를 사랑과 자비로 대하기를 기원한다.

하루를 여는 첫 순간이 기쁨과 감사로 채워질 때, 그 다음에 이어지는 순간들도 모든 것을 기쁘고 깨어 있는 자세로 받아들일 수 있습니다. 순간순간이 소중합니다. 매 순간이 우리에게 선물로 주어진 삶입니다. 결국 모든 시간은 순간순간이 모인 것입니다. 단추를 하나하나 채워야 셔츠를 제대로 입을 수 있듯 말이지요.

"순간"이라는 뜻을 지닌 독일어 'Augen-Blick'는 지금 이 순간에 펼쳐지는 일을 새로운 눈으로 바라보는 것이 중요하다는 것을 상기시킵니다. 지금 이 순간을 부드럽고 감사하는 눈으로 바라보십시오. 그리고 눈을 크게 뜬 다음, 자기 자신을 바라보며 이렇게 말하십시오. "모든 것이 있는 그대로 좋다." 마르셀 프루스트Marcel Proust는 (인생)여행에 대해 이렇게 말합니다. "일차적으로 중요한 것은 새로운 경치를 발견하는 게 아니라 새로운 눈을 얻는 것이다."

될 수 있으면 좋은 기분으로, 깨어 있는 자세로 하루를 시작하십시오. 그러자면 평소보다 조금 더 일찍 일어나는 것이 좋겠지요. 일찍 일어나 서두르지 않고 새날을 맞이하십시오. 개인적으로 다음과 같이 하는 것이 도움이 됩니다. 아침에 일어나면 먼저 밖으로 나가 신선한 공기를 마시며 잠시 걷거나 조깅을 합니다. 그런 다음, 집에 돌아와 자리에 앉아서 짧게 묵상합니다. 이렇게 하는 것이 몸과 마음과 영혼에 유익하다는 것을 경험해 봅니다.

내가 근무하는 병원의 환자들도 함께 자연 속에서 아침 운동과 짧은 명상으로 하루를 시작합니다. 많은 환자들이 이러한 아침 의식儀式

을 매우 유익하다고 여기며 집에 가서도 계속하겠다고 말합니다.

하루를 어떻게 시작할지 자신만의 방법을 찾으십시오. 당신만의 아침 의식을 창조하십시오. 당신이 이것을 그만두더라도 그다지 나쁘진 않습니다. 다시 새롭게 결심하면 되니까요. 당신이 그만둘 때는 지금 실천하고 있는 아침 의식을 바꿀 때가 되었다는 뜻일 겁니다. 하루하루를 새롭게 시작할 수 있습니다. 자신에게 유익한 것이 무엇인지 날마다 새롭게 생각하고 그것을 실천할 수 있습니다.

아침에 일어나면서 새날을 놀라운 날로 만들지 못할 이유가 있을까요? 마음의 문을 활짝 열고 사랑과 감사하는 마음이 흐르게 하십시오.

연습.. 아침 의식

다리를 허리 너비만큼 벌리고 바닥에 서십시오. 당신은 아침 햇살을 느낄 수 있는 테라스나 발코니 혹은 창가에서 이 연습을 할 것입니다. 당신이 어떻게 숨을 들이마시고 내쉬는지 인지하십시오. 당신이 호흡한다는 사실을 즐기십시오. 호흡 때문에 긴장할 필요는 없습니다. 호흡은 아주 자연스럽게 일어나는 현상입니다.

이제 양쪽 손바닥을 모아 가슴에 대십시오. 그리고 두 손으로 하트를 크게 그리십시오. 두 손을 위에서 아래로 내렸다가 다시 올리면서 하트를 그릴 수 있습니다. 호흡의 리듬에 맞추어 이 동작을 하는 것이 좋습니다.

숨을 들이쉬면서 양팔을 위로 올리고, 숨을 내쉬면서 양팔을 아래로 내리십시오. 좋은 기분으로 이 연습을 여러 번 되풀이하십시오.

자신에게 유익한 문구를 낮게 읊조리면서 오늘을 맞이할 때, 이 연습은 보다 효과적일 수 있습니다. 당신에게 딱 맞는 문구들을 찾아내십시오.

닻을 내려라

일상은 우리가 날마다 새롭게 헤엄치는 거대한 바다와 같습니다. 쉬지 않고 계속 헤엄치는 사람은 저체온증이나 탈진으로 중도에 포기해야 할지도 모릅니다. 자신을 위해 바다 위에 떠 있는 섬들을 이용하는 법을 아는 사람은 해안에 도달할 것입니다.

하루를 보내면서 쉬는 것에도 주의를 기울이십시오. 다음 발걸음을 옮기기 전에 충분한 휴식을 취하십시오. 자기 자신에게 이르기 위해 '섬'을 허락하십시오. 바쁜 일상에 쫓기며 정신없이 살더라도 잠시 멈추고 주목하면서 마음을 가다듬을 수 있습니다. 그러면서 그때그때 마주치는 상황에 적절히 대처하고 지금 중요한 것이 무엇인지 새롭게 판단할 수 있습니다.

달리면서도 마음을 모으면 바깥 소리에 귀를 기울일 수 있듯이, 주목하고 내적으로 고요해질 때 비로소 내면의 소리가 들립니다. 내면의 소리를 통해 자신에게 알맞은 것이 무엇인지 알아차릴 수 있습니다.

외적 표지는 우리에게 휴식을 일깨웁니다. 표지는 닻을 내리는 배처럼 우리로 하여금 멈추게 하고 새롭게 정박하도록 이끕니다.

틱낫한 스님이 프랑스에 설립한 플럼 빌리지Plum Village에는 주목(마음챙김)을 위한 종이 있습니다. 종이 울릴 때마다 이곳에 머무는 사람들은 하던 일을 멈추고 자신에게 말합니다. "이 종소리를 들으며 내가 진정한 '나'로 돌아오기를 바란다."

그리스도교 전통에서도 이런 모습을 볼 수 있습니다. 마을에서 성당 종소리가 울리면 사람들은 하던 일을 멈추고 기도합니다. 이슬람교에서는 사원에서 기도 시간을 알리는 이가 하루에 다섯 번 크게 외칩니다. 이는 신도들에게 기도하라는 초대, 방향을 새롭게 정립하라는 초대입니다. 누구에게나 그러한 '닻'이 필요합니다. 하루를 보내면서 마음을 모으고 다시 새롭게 나아가려면 닻을 내려야 합니다.

주목을 위한 당신만의 닻을 찾으십시오. 일상을 통제하는 데 이 닻이 도움을 줄 것입니다. 이 닻과 교류할 때마다 그 순간에 주목하게 될 것입니다. 예컨대 자신에게 유익한 문구를 말하십시오. 혹은 단순히 숨을 의식적으로 들이쉬고 내쉬십시오.

컴퓨터 앞에 앉아서 일하는 시간이 많은 사람이라면, 닻을 내릴 수 있는 사진을 바탕 화면의 배경으로 설정하는 것이 좋습니다. 당신에게 안정감, 균형, 좋은 기분을 선사할 만한 사진을 고르십시오. 당신에게 기쁨을 주는 사진을 고르십시오. 그런 다음, 사진을 바라볼 때마다 호흡에 잠시 주의를 기울이십시오. 그리고 그 사진이 당신에게 어떤 메시지를 주는지 생각하십시오.

휴대 전화로 통화를 많이 하는 사람이라면, 주의를 환기시킬 만한 멜로디를 택하는 것이 바람직합니다. 당신에게 효과적인 닻이 될 만한 멜로디나 음을 택하십시오. 그 멜로디나 음을 들으면, 먼저 숨을 의식적으로 들이쉬고 내쉰 다음에 전화를 받으십시오.

다른 형태로도 닻을 내릴 수 있습니다. 주머니에 들어 있는 작은 물건, 책상 위에 세워 둔 그림, 꽃 등 다양합니다. 이렇게 자신만의 닻과 교류할 때마다 새롭게 정박하십시오. 숨을 의식적으로 들이쉬고 내쉬십시오. 그리고 웃으십시오. 당신은 점차 자기 자신에게로 돌아올 것입니다.

특정한 시간도 닻을 내리는 대상이 될 수 있습니다. 점심시간에 잠시 밖으로 나가서 신선한 공기를 쐬거나 낮잠을 청하십시오. 당신이 주로 어떤 생각을 하고 있는지 들여다보십시오. "나는 쉴 수 없어. 무조건 일해야 해." 혹시 자신에게 이렇게 말하고 있지는 않나요? "나는 할 수 없어."라고 말하면서 우리는 여유 없는 생활을 현실로 받아들입니다. 하지만 정말 그럴까요? 자신에게 적합한 삶의 템포를 찾아낼 수 있는데도 이를 경솔하게 포기하는 것은 아닐까요?

직업상 많은 곳을 돌아다니며 차 안에서 주로 시간을 보내는 한 프로젝트 팀장은 몇 년 전부터 낮에 시간을 내어 잠시 쉰다고 합니다. 점심 식사를 한 뒤에 차를 몰고 숲 주변이나 들로 가서 의자를 뒤로 젖히고 30분 정도 잠을 자는데, 방해받지 않기 위해 안대와 귀마개도 사용한다는군요. 이렇게 낮에 휴식을 취한 뒤부터 스트레스가 많은 상황에서도 훨씬 잘 대처하게 되었다고 합니다.

당신의 닻이 무엇이든 자신에게 도움이 될 만한 수단을 찾아내어 바쁜 일상 속에서도 중심을 잡고 쉬는 시간을 마련하십시오.

하루를 보내면서 늘 자기 자신에게로 돌아오도록, 자기 자신에게 관심을 기울이도록 다음 연습이 도움을 줄 것입니다.

연 습 . . 멈 춤 – 관 찰 – 출 발

지금 몹시 혼잡한 횡단보도를 건너려 한다고 상상해 보십시오. 당신은 먼저 멈춰서 교통 상황을 살펴본 다음에 횡단보도를 건널 것입니다. 당신이 하루를 보내며 쉬는 것도 이런 식으로 이루어질 수 있습니다. 자신에게 휴식을 허용하면서(멈춤), 한숨 돌릴 시간을 낼 수 있습니다. 그런 다음, 자신에게 귀 기울이며 물을 수 있습니다(관찰). 나는 지금 내 안에서 무엇을 인지하는가? 내 상태는 어떠한가? 나는 나 자신을 잘 돌보고 있는가? 잘 지내기 위해서 내게 필요한 것은 무엇인가? 다음 행보는 무엇인가? 확실한 답을 얻었다면, 당신은 다시 길을 갈 것입니다(출발).

축제의 밤

세상 만물은 자기만의 시간을 필요로 합니다. 인간에게는 일과 활동

외에 쉬는 시간, 누리는 시간이 필요합니다. 여기서 해마다 한두 번 정도 있는 휴가를 떠올리는 사람들도 있을 것입니다. 인간에게는 쉬는 시간이 날마다 필요합니다. 쉬면서 일에는 덜 신경 쓰며 즐기고 내려놓는 데 비중을 더 많이 둘 수 있습니다.

자연을 관찰해 보면, 낮 동안 활짝 핀 꽃도 해가 지면 봉오리가 닫힌다는 사실을 알 수 있습니다. 인간도 하루, 스물네 시간 동안 자연적 리듬을 타며 삽니다. 우리는 아침에 일어나 하루를 시작하고 낮 동안 일을 합니다. 그리고 저녁이 되면 '집으로' 돌아가 밤새 쉬면서 다시 힘을 얻습니다.

'집으로 가는' 단계로 당신의 주의력을 돌리고 싶습니다. 이 저녁 시간을 '축제의 밤'이라고 부르겠습니다.

주 목 을 위 한 물 음

- 당신의 '축제의 밤'은 보통 어떻게 펼쳐집니까? 그 시간은 실제로 내면의 시간, '집으로 가는' 시간입니까?
- 당신은 자신에게 머물 수 있는 시간을 내고 있습니까?
- 당신이 즐기는 시간, 사람들 혹은 일과 함께 보내는 시간, 당신에게 유익한 시간이 있습니까? 아니면 당신에게는 개미처럼 일하는 시간만 있습니까?
- '끝내야 할 일' 때문에 결국 녹초가 되어 잠자리에 듭니까?

요즘엔 재택근무처럼 유연한 작업 형태를 비롯해 휴대 전화나 전자 메일 같은 다양한 통신 매체로 인해 일의 경계가 사라지고 있습니다. 일과 사생활의 영역을 명확히 구분 짓기가 점차 어려워지는 추세입니다.

일하는 시간을 명확히 정하고 싶다면, 의식적으로 일을 내려놓는 노력이 필요합니다. 이때 작은 의식儀式이 도움을 줄 수 있습니다. 컴퓨터를 끄거나 사무실 문을 잠그는 의식을 거행하십시오. 문을 의식적으로 잠그는 행위를 통해 내면에 신호를 보낼 수 있습니다. 오늘 일을 마쳤으니 이제 이곳을 떠나겠다는 신호를 보내는 것입니다.

원한다면 집으로 가는 길에 자신에게 작은 휴식을 허용해도 좋습니다. 예컨대 차를 몰다가 잠시 멈추고 기지개를 크게 켜거나 몸을 쭉 펴십시오. 그리고 자신에게 이렇게 말하십시오. "오늘 나는 스스로에게 '축제의 밤'을 허용한다."

직장에서 하루 종일 긴장하며 지내다가 집에 오면, 긴장을 풀고 쉬기가 어렵습니다. 쌓인 긴장을 풀고 내적 평화를 얻으려면 몸을 많이 움직이면서 나 자신을 이완시키는 방법이 좋습니다. 그런 가운데 우리 안에 있는 에너지를 몸을 통해 공급할 수 있습니다. 신체적으로 덜 긴장되는 일을 하려면 먼저 운동이 필요합니다. 그러고 나면 안정감을 더 수월하게 얻을 수 있습니다. 일과 사생활을 구분하기 위해 개인적으로 시도할 만한 일이 무엇인지 찾아보십시오.

주목을 위한 물음

- 당신은 일거리를 집에 가져오지 않는 데 얼마나 주의를 기울입니까? 일과 관련 된 생각을 '집에 가져 오는 것'도 이에 포함됩니다.
- 점점 더 많이 내려놓기 위해 당신이 시도할 만한 것이 있습니까?
- 퇴근하면서 의식적으로 작업복을 평상복으로 갈아입는 것이 도움이 됩니까?
- 집 안에 작업실이 있다면 일하는 공간과 사적인 공간을 분리할 수 있습니까?

밤이나 주말에도 쉬지 않고 일해야 한다면, 당신에게는 '내면의 회장님'이 있다고 상상하십시오. 당신은 많은 일을 조정하기 위해 '내면의 회장님'과 어떻게 협상하겠습니까? 일에 대한 보수는 얼마나 받을 것 같나요?

저녁은 하루 일과를 마치고 밤의 휴식으로 넘어가는 시간입니다. 자연을 관찰해 보십시오. 낮 동안 만물을 강하게 비추던 햇빛도 저녁이 되면 약하고 흐려집니다. 모든 것이 희미하게 보이다가 서서히 밤의 어둠에 묻히게 됩니다. 그런데 전기가 발명된 이후, 인간은 저녁이 지나가는 이러한 자연 현상을 멀리하고 있습니다. 스위치를 켰다가 바로 끄듯이, 우리는 일하다가 곧장 밤의 휴식으로 넘어갑니다. 이제 사람들은 밤늦은 시각까지 일하다가 지쳐서 잠자리에 드는 데 익숙해져 있습니다. 그렇게 되면 하루를 돌아보고 새롭게 결심할 기회를 놓치고 맙니다.

원한다면 당신의 '축제의 밤'에 새로운 빛을 선사해도 좋습니다. 석양을 즐기십시오. 산보하거나 조깅하다가, 아니면 바닷가에 앉아서도 얼마든지 이러한 장관을 만끽할 수 있습니다. 당신의 눈이 카메라 렌즈여서 일몰 광경을 찍어 마음속에 담는다고 상상하십시오.

당신이 오늘 하루를 어떻게 보냈든, 태양은 내일 다시 힘차게 떠오른다는 사실을 기억하십시오. 태양이 날마다 새롭게 떠오르듯, 당신도 하루하루를 새롭게 시작할 수 있습니다.

당신만의 '축제의 밤'을 보내십시오. 오늘 당신이 잘한 일, 당신에게 특별히 좋았던 일을 자축하십시오. 의식적으로 주의를 기울이며 하루를 마칠 수 있도록 당신만의 방식을 찾으십시오. 이는 숙면을 취하는 데도 도움이 됩니다.

이 야 기 . . 기 쁨   모 으 기

옛날에 기쁨을 누리며 사는 할머니가 있었습니다. 할머니는 외출할 때마다 오른쪽 주머니에 콩 몇 알을 넣는 것을 잊지 않았습니다.

밖에서 뭔가 좋은 일이 있을 때마다 할머니는 오른쪽 주머니에 있는 콩을 한 알 꺼내 왼쪽 주머니에 옮겨 놓았습니다. 때로는 콩을 두 알이나 세 알씩 옮기기도 했습니다. 할머니는 집으로 돌아오면 왼쪽 주머니에 있는 콩이 몇 알인지 세어 보았습니다.

대부분 소소한 일들이 계기가 되었습니다. 아이가 천진난만하게 노는 모습, 이웃집 여자와 나눈 따뜻한 대화, 물건을 살 때 가게 주인이 친절했던 것 등. 할머니는 밤에 집에서 콩을 세면서 하루 동안 자신에게 좋은 일이 얼마나 많이 일어났는지 떠올리며 기뻐했습니다.

오른쪽 주머니에서 왼쪽 주머니로 옮긴 콩이 비록 한 알뿐이더라도, 할머니는 그날은 좋은 날이고 그것으로 족하다고 여겼습니다.

모든 것이 잠든 밤에

요즘에는 불면증에 시달리는 사람들이 많습니다. 잠을 못 이루는 까닭은 신체적인 원인도 있지만 대부분 심리적·정신적 원인 때문입니다. 주로 불안, 스트레스, 갈등, 소음으로 인해 마음의 평정을 이룰 수 없고 쉽게 잠들지 못합니다. 그래서 흔히 자신을 이렇게 타이르지요. "내일 좋은 컨디션을 유지하려면 빨리 잠들어야 해." 하지만 이런 생각은 더 큰 긴장을 불러일으키며 잠을 방해합니다. 불면증이 지속된다면 전문가의 조언을 따라야 합니다. 그래야 우울증 같은 증세가 함께 따라오더라도 조기에 막고 치료할 수 있습니다.

평소에 이렇게 하는 것이 좋습니다. 잠들기 전에 자신의 현재 리듬에 주의를 기울이십시오. 이것을 규칙적으로 연습하십시오. 긍정적인 생각을 하면서 잠자리에 드십시오. 잠들기 전에 당신이 하루 동안 맛

본 크고 작은 기쁨들(산책, 좋은 만남 등)을 돌이켜 보십시오. 방이 어떻게 꾸며졌는지 둘러보고, 손에 무엇을 든 채 잠자리에 들었는지도 살펴 보십시오. 내가 담당한 어느 환자는 잠자리에 들어서도 휴대 전화로 일과 관련된 문자 메시지를 보내는 일이 잦았다고 합니다. 그리고 이 때문에 제대로 잘 수 없었다는 사실을 깨닫고 무척 놀랐다는군요.

당신이 밤에 충분히 잘 수 없다면 다음과 같이 자신을 진단해 보는 것이 큰 도움이 될 것입니다. 잠자리에서 몸을 이리저리 뒤척인다면 당신은 투쟁 상황에 있는 것이 틀림없습니다. 당신은 불면증과 싸웁니다. 어쩌면 당신은 불면증을 제압해야 할 적군처럼 여길지도 모릅니다. 당신이 충분히 잘 수 없다면 앞으로 닥칠지도 모를 파국을 상상하면서 괴로워할 수도 있습니다. 당신은 자기 자신과도 투쟁을 벌일 것입니다. '나는 그 일을 해야만 했어. 이미 오래 전에 끝냈어야 했어.'라는 압박감에 시달리면서 말이지요. 그런데 이상한 신념을 지닌 사람들도 더러 있습니다. 이런 사람들은 잠을 충분히 잘 수 없을 경우에 자신이 미쳐 버린 것은 아닌가 하는 생각까지 합니다.

새로운 관점을 지니도록 애쓰십시오. 당신은 무엇이 필요합니까? 필요한 것은 모두 제때에 공급된다는 것을 당신의 몸은 이미 알고 있습니다. 이 사실을 신뢰하십시오. 지금의 어려운 상황을 장애물로 여기지 마십시오. 잠 못 이루는 상황을 '깨어 있음'의 단계로 받아들이십시오.

'받아들임'은 현실을 있는 그대로 바라본다는 뜻입니다. '깨어 있음'은 당신이 지금 주의를 기울이고 있다는 사실을 말하는 것입니다. '불면증'은 무언가가 결핍되어 나타나는 증상입니다.

어쩌면 지금 이 순간, 당신의 삶에서 뭔가 중요한 일이 일어나고 있을지도 모릅니다. 이런 맥락에서 개인적으로 구약 성경에 나오는 한 이야기(창세 32,23-33)가 큰 도움이 됩니다. 그것은 야곱이 하느님과 씨름한 이야기입니다. 야곱은 어떤 사람과 동이 틀 때까지 씨름했습니다. 그가 동이 트려고 하니 자신을 놓아 달라고 하자, 야곱은 이렇게 말했습니다. "저에게 축복해 주시지 않으면 놓아 드리지 않겠습니다." 그 순간 투쟁 상황이 축복 예식을 거행하는 상황으로 바뀌고, 그 낯선 존재의 정체는 천사로 밝혀집니다.

당신도 밤사이 벌어지는 투쟁을 끝낼 수 있다고 여깁니까? 자신이 처한 상황을 받아들이고 거기서 축복을 청할 수 있습니까? 이때 다음과 같은 영국 속담들이 당신에게 도움이 될지도 모르겠습니다. "잠을 잘 수 없다면, 양의 수를 세지 말고 당신이 받은 축복의 수를 세라." "잠들지 못한다면, 양의 수를 세지 말고 양치기에게 말하라." 두 가지 속담 중 어느 것이 마음에 듭니까? 당신은 온갖 걱정 대신 자신이 받은 수많은 축복을, 삶에서 긍정적인 영향을 미친 것, 당신이 기뻐하고 감사한 일들을 떠올릴 수 있습니다. 혹은 '착한 목자' 이미지를 떠올릴 수도 있습니다. 온갖 걱정을 그분께 내맡기십시오. 그분께서 당신을 돌보고 계십니다.

내가 맡고 있는 환자들은 '깨어 있음'의 단계에서 뭔가 중요한 것이 분명해지거나 기발한 생각이 떠오른다고 거듭 말합니다. 몇 년 전부터 불면증에 시달린 어느 50대 교사는 이렇게 전합니다. "잠을 못 이루고 깨어 있을 때마다 저는 신경 쓰이는 일들에 몰두했습니다. 뜻대로 되지 않는 일, 조만간 실패할지도 모르는 일, 저의 모난 면 따위를 떠올리며 고민에 빠졌습니다. 그러던 어느 날 밤, 이것이 제 삶의 모습이라는 사실을 깨달았습니다. 저는 현실을 거부했으며, 있는 그대로의 모습을 받아들이지 않았던 것입니다. 그래서 앞으로는 비현실적인 면을 버리고 제 삶에 유익한 것들을 소중히 여기겠다고 결심했습니다. 제 삶을 있는 그대로 받아들인 뒤로는 밤에 잠도 잘 자고 있습니다."

밤이 되면 우리의 의식 상태가 달라집니다. 낮 동안 감지하지 못했던 무의식이 또렷이 등장합니다. 그러한 상태에서 자신에게 질문을 던지십시오. '무의식은 내게 무엇을 알려 주려고 하는가? 나는 하루의 남은 부분을 아직 소화하지 못했는가?' 밤에 꿈을 꾼다면, 당신이 영혼과 생산적인 대화를 하는 것으로 여기십시오. 꿈은 의미 없는 것이 아닙니다. 꿈은 소원이나 불안에 대해 우리가 주의를 기울이기를 바랍니다. 나는 내면의 눈으로 무엇을 바라보는가? 꿈이 주는 정보를 받아들이십시오. 경우에 따라서는 이 정보를 종이에 적으십시오. 낮 동안 걱정했던 문제들을 당신의 무의식에 신호로 알리십시오. 그리고 이를 내적으로 내려놓으십시오.

다시 잠들고 싶다면, 내면의 영상을 떠올려 보는 것이 도움이 될 수 있습니다. 특정한 장소나 경험을 떠올리십시오. 당신의 손, 휴가지에서 보낸 아름다운 추억, 드넓은 초원, 일광욕 등 무엇이든 좋습니다. 인상 깊은 장면을 그리면서 다른 영역, 말을 못하는 뇌의 영역을 다룰 수 있습니다. 그러면서 당신이 안고 있는 근심거리를 쉽게 내보낼 수 있습니다. 이 영상들을 즐기십시오.

잠들기 위한 또 다른 방법으로 호흡에 주의를 기울일 수도 있습니다. 다음 연습을 따라해 보십시오.

연습 . . 내려놓기와 내맡기기

침대에 누워 호흡을 인지하십시오. 숨이 몸속으로 어떻게 들어갔다가 나오는지 느끼십시오. 호흡의 리듬을 의식하면서 매트 위에 누워 있는 당신 몸의 구석구석에 주의를 기울일 수 있습니다.

들숨을 몸의 각 부위에 보내며 매트에 자신을 얼마나 더 내맡기고 있는지 감지하십시오. 호흡할 때마다 체중이 매트로 점점 더 많이 넘어간다고 상상하십시오. 그러면서 자신을 점점 더 내려놓는다고 생각하십시오. 이때 어떤 생각이 떠오른다면 질서가 제대로 잡힌 것입니다. 그 생각을 인지하십시오. 당신의 체중이 호흡의 리듬을 타고 매트로 넘어가듯, 그 생각도 다시 내려놓으십시오.

감각을 열어라

우리의 감각 기관은 세상을 향한 창과 같습니다. 우리는 감각 기관을 통해 외부와 접촉할 수 있습니다. 감각을 의식하고 의미 있게 사용하려면 하루를 보내며 쉴 틈도 내야 합니다. 방금 무슨 일이 일어났는지 의식하면서 귀를 기울이십시오. 의식하면서 보고, 냄새 맡고, 맛보고, 느끼십시오. 자신에게 거듭 물을 때 좋은 습관을 지닐 수 있습니다. 나는 지금 무슨 소리를 들을 수 있는가? 이 순간, 나는 무슨 냄새를 맡을 수 있는가? 나는 무엇을 볼 수 있는가? 손안에 있는 것, 내가 밟고 있는 것을 나는 어떻게 느끼는가?

감각을 이용하여 주의 깊게 인지할 때 현재의 순간과 연결될 수 있습니다. 발을 이용하여 다음에 소개하는 인지 연습을 해 보십시오.

연습 . . 발로 인지하기

맨발로 자주 걸으십시오! 두 가지 이유에서 당신이 맨발로 걷기를 진심으로 권합니다. 첫째, 맨발로 걷는 것은 현재의 순간을 더욱 잘 인지하는 데 도움을 줍니다. 어떤 생각에 빠져 현재의 순간에 주의를 기울이지 못할 때, 흙의 부드러운 감촉이 제대로 인지하는 데 도움이 될 수 있습니다. 맨발로 걸을 때 흙의 감촉을 누릴 수 있습니다. 흙의 차가움, 온기, 축축함, 부드러움을 감지할 수 있습니다. 흙을 힘껏 밟고 걸으며 그 순간을 즐기십시오.

둘째, 맨발로 걸을 때 걷기에 적합한 속도를 찾아낼 수 있습니다. 맨발로 걸으면 속도를 줄이게 되고 더욱 깨어 있는 자세로 걸을 수 있습니다. 신발을 신고 걸으면 대부분 걸음이 빨라집니다. 영국의 심리학자 리처드 와이즈먼Richard Wiseman은 현대인의 걷는 속도가 10년 사이에 30퍼센트나 빨라졌다는 사실을 알아냈습니다. 그러므로 맨발로 걸을 때 더욱 천천히 주의를 기울이며 걸을 수 있습니다. 발을 더 의식적으로 땅에 디디게 되면서 땅에 더욱 주목할 수 있습니다.

맨발로 걸을 때 자연스럽고 단순한 방법으로 더 많이 지각할 수 있습니다. 걷는 모습에서도 각자의 삶의 방식이 많이 드러납니다. 맨발로 걸을 때 다르게 걷는 법을 연습할 수 있고, 더욱 주목하는 삶의 방식도 익힐 수 있습니다.

초원, 모래톱, 숲길, 자갈길과 같은 자연의 길을 맨발로 걸어 보십시오! 신발을 신고 포장된 길을 걷는 것에 비해 훨씬 즐겁고 유쾌할 뿐만 아니라 발 건강에도 매우 좋습니다. 자신의 속도를 유지하며 맨발로 자주 걸으십시오!

인간은 오감(시각, 청각, 후각, 미각, 촉각) 외에도 이른바 '육감六感'을 활용할 수 있습니다. 육감이란 사물의 깊은 본질이나 어떤 상황, 대인 관계를 직감적으로 포착하는 마음의 기능을 말합니다. 내적 육감, 즉 직관은 우리 안에 잠재된 예측 능력입니다.

자신이 다른 사람들과 어떤 관계에 있는지, 그룹 내에서 어떤 에너

지가 효율적인지 직감적으로 파악할 수 있습니다. 확실한 결정을 내
릴 때도 직관의 힘으로 자신을 신뢰할 수 있습니다.

  주의 깊게 보고 듣고 냄새 맡고 맛보고 만지며 오관을 훈련할 수 있
듯이, 여섯 번째 감각인 내적 육감, 직관도 훈련할 수 있습니다. 먼저
이 예측 능력을 의식하는 자세를 갖춰야 합니다. '확실한' 결정을 내
릴 때, 이것이 어떻게 감지되는지 익힐 수 있습니다. '확실한' 결정을
내리지 못할 때라도, 이것이 어떻게 감지되는지 알아차릴 수 있습니
다. 그것은 영혼이 말하는 소리, 내면의 소리입니다. 이 소리가 직관
을 통해 당신에게 전달되는 것입니다. 내면의 소리를 더욱 신뢰하는
법을 배우십시오.

많은 사람들이 불투명한 상황이나 관계를 체험하고 확실한 결정을 내
리지 못합니다. 이럴 경우, '사방이 꽉 막힌' 듯하고 '내적 저항', '내
적 정지 표지판'을 보여 주는 것 같습니다. 반면에 모든 것이 분명하고
조화를 이루면, 무언가가 내면으로 흘러가는 듯하여 따뜻하고 풍요롭
고 가벼운 느낌이 듭니다. 당신도 직관을 동원하여 이미 많은 경험을
모아들였습니다.

주 목 을   위 한   물 음

잠시 시간을 내어 내적 조화를 맛보았던 때를 떠올리십시오.
  이 체험을 어떻게 깨닫게 되었습니까? 내적 조화를 어떻게 체험했

습니까? 신체적 느낌은 어땠습니까?

  이번엔 조화를 이루지 못했던 경험을 떠올리십시오. 어떻게 해서 이 체험을 하게 되었습니까? 당신에게 맞지 않는다는 것을 어떻게 알게 되었나요? 그때의 신체적 느낌은 어땠습니까?

숨 돌릴 틈을 주어라

호흡은 들숨과 날숨, 오고 가기, 받아들이기와 내보내기가 끊임없이 교대하는 것입니다. 호흡을 통해 삶의 역동성을 느낄 수 있습니다. 호흡은 우리가 살아 있다는 표현이며 삶의 리듬을 반영한 것입니다. 숨결은 내적 삶과 외적 삶을 연결하는 것입니다. 호흡에 집중해 보십시오. 호흡은 우리가 '지금, 여기'에 집중하기 위한 중요한 수단입니다. 자신의 호흡을 감지한다는 것은 자기 자신과 교류한다는 뜻입니다. 호흡을 통해 자신의 현재 상태가 많이 드러납니다. 긴장, 서두름, 스트레스를 비롯해 긴장 완화, 기쁨도 호흡을 통해 알 수 있습니다.

  건강하게 살기 위해서는 휴식도 필요합니다. 휴식은 삶에 꼭 필요한 것입니다. 숨 돌릴 틈을 내는 것도 휴식입니다. 호흡을 통해 우리에게는 숨 돌릴 틈이 필요하다는 사실을 명확히 알 수 있습니다. 휴식도 삶의 리듬에 속합니다.

연습 .. 틈새에 주목하기

매트 위에 허리를 펴고 똑바로 앉으십시오. 눈을 감고 호흡의 리듬에 주의를 기울이십시오. 숨결을 잘 감지할 수 있는 부위를 택하십시오. 예컨대 가슴이나 복부, 콧방울을 택할 수 있습니다. 그 부위에 집중하면서 자신이 숨을 어떻게 들이쉬고 내쉬는지 인지하십시오.

이어서 호흡은 네 단계로 이루어져 있다는 사실을 인지하십시오. 호흡은 숨을 들이쉬기 – 숨의 충만(숨을 들이쉰 다음 상태가 변하기 전의 순간) – 숨을 내쉬기 – 숨의 빠짐(숨을 다시 들이쉬기 전의 순간)이라는 네 가지 과정이 끊임없이 되풀이되는 것입니다.

이제 들숨과 날숨 사이의 지극히 짧은 두 순간에 주의를 기울이십시오. 짧은 두 순간을 의식하십시오. 그리고 이 짧은 순간을 약간 늘려 보십시오.

다음 단계에서는 이 연습을 하는 동안 꼬리를 물고 올라오는 생각들을 인지하십시오.

머릿속에서 흐르는 '생각의 강'에 주의를 기울이십시오. 한 가지 생각이 어떻게 와서 어떻게 지나가는지, 또 다른 생각이 어떻게 등장하여 어떻게 사라지는지 감지하십시오. 호흡할 때 찰나가 생기듯, 생각이 오가는 사이에도 아주 작은 틈새가 생긴다는 사실을 인지하십시오. 이 틈새를 약간 늘리면서 이에 주의력을 돌리십시오.

인간은 누구나 자기만의 호흡을 합니다. 누구나 자신의 고유한 삶의 리듬에 따라 살아갑니다. 흔히들 탈진하면 속도를 줄여야 한다고 말합니다. 삶의 속도가 너무 빠를 때도 속도를 줄여야 합니다. 그러나 속도를 줄이는 것만으로는 충분하지 않습니다. 중요한 것은 자신에게 맞는 삶의 속도를 찾아내는 일, 자신만의 고유한 리듬을 인지하는 일입니다. 그런데 삶의 속도에 대한 처방전을 쓸 때, 누구에게나 맞는 처방전은 어디에도 없습니다. 그러므로 각자 자기만의 리듬과 속도를 찾아내고 이에 따라 생활해야 합니다.

호흡을 어떻게 하느냐에 따라 자신에게 맞는 속도로 생활하는 것이 좌지우지될 수 있습니다. 당신의 느낌을 신뢰하십시오. 호흡할 때 어떤 느낌이 드는지 늘 인지하십시오. 따뜻한지 차가운지, 쉬운지 힘든지, 시원한지 답답한지 등의 느낌에 주의를 기울이십시오. 이는 당신이 긴장하고 스트레스가 쌓였는지, 아니면 안정되고 이완 상태에 있는지를 아는 데 매우 중요합니다.

규칙적인 휴식 시간을 마련하여 쌓인 긴장을 그때그때 푸십시오. 다시 일어설 힘은 쉬는 데서 나옵니다. 일주일을 규칙적으로 설계하고 휴식 시간도 확보하십시오. 틈을 내어 쉴 때 영혼에도 이롭게 작용합니다. 일주일에 한 번은 운동이나 산책을 길게 한다든지, 사우나를 하거나 저녁 음악회에 간다든지, 동호회에 참석한다든지 등의 건설적인 계획을 세우고 실천하길 바랍니다.

주목을 위한 물음

- 당신은 규칙적으로 쉽니까?
- 일주일 계획표에 휴식 시간도 들어 있습니까?
- 당신에게 '거룩한' 시간과 공간, 당신을 보호해 주고 힘을 불어넣어 주는 시간과 공간도 계획표에 들어 있습니까? 이 물음에 "아니요."라고 대답한다면, 전에는 휴식 시간을 가졌는지 자신에게 물어보십시오.
- 그중 어떤 것을 부활시키고 싶습니까? 오래 전부터 하고 싶었던 일이 있을 것입니다. 그림이나 악기를 배우고 싶습니까? 아니면 운동을 규칙적으로 하고 싶나요? 당신이 정말로 원한다면 곧바로 실천하겠다고 오늘 당장 결심하십시오.

'거룩한' 공간과 휴식에 주의를 기울이십시오. 최근에 휴식 시간을 자주 빼먹었다면, 이는 지금 당신의 상태가 좋지 않다는 뜻입니다. 자신을 잘 돌보라고 알려 주는 비상 신호일 수 있습니다. 그러므로 휴식은 아무리 강조해도 지나치지 않습니다. 시간이 없다는 핑계를 대서도 안 됩니다. 휴식 시간을 내십시오. 다음 이야기에서도 권유하듯이, 당신의 '톱날'을 가는 시간을 규칙적으로 내십시오.

이야기 . . 톱 날 갈기

한 나그네가 숲길을 가다 땀을 뻘뻘 흘리며 톱으로 나무를 베고 있는 사람을 보았습니다. "이보시오, 무슨 일을 하고 있소?" 나그네가 물었습니다. "보다시피 나무를 베고 있지 않소." 나무꾼은 신경질적으로 대답했습니다. "몹시 지쳐 보이는구려. 대체 얼마나 오랫동안 그렇게 일한 것이오?" 나그네가 다시 묻자, 나무꾼이 대답했습니다. "일을 시작한 지 다섯 시간이 넘었소. 이젠 넘어가기 직전이오!" "그러면 왜 잠시라도 쉬지 않는 거요? 잠시 숨을 돌리면서 톱날을 갈면 좋을 텐데. 그러면 일을 훨씬 더 빨리 마칠 수 있을 것이오." 나그네의 이 말을 듣고 나무꾼이 대꾸했습니다. "나는 톱날을 갈 시간이 없소. 톱으로 나무를 베는 일만도 벅찰 지경이오."

먹고 마시는 일에도 주목하라

우리는 음식을 먹으면서도 자기 몸이 어떤 상태인지, 자신이 어떻게 살고 있는지를 서로 이야기합니다. 먹는 것에 주목한다는 것은 몸에 필요한 것이 무엇인지, 몸에 이로운 것이 무엇인지 인지한다는 뜻입니다. 그러나 배가 고플 때는 여러 가지 감정이 올라오고 부정적인 동기가 부여되기도 합니다. 이럴 때 폭식할 위험이 생기고, 몸에 좋지 않은 영향을 미칠 수도 있습니다.

먹는 것을 감각적으로만 누리거나 즐길 경우, 단순한 욕구로 기울어질 위험도 따릅니다. 스스로 많이 먹는 것을 알고 있으면서도 절제

하지 못하는 사람들이 있습니다. 이런 식의 과식은 전혀 이롭지 않습니다. 배가 고프지 않아도 먹는 것으로 내면의 결핍을 채우려는 것인데, 이는 해결책이 될 수 없습니다.

이렇듯 식습관도 정서 생활에 영향을 끼칠 수 있습니다. 먹는 행위는 몸에 필요한 음식물을 섭취하는 것인데, 감정을 조절하는 수단으로 혼동하는 사람들이 있습니다.

인간의 기본적인 감정은 유쾌함과 불쾌함으로 나뉩니다. 우리는 유쾌한 감정을 더 원합니다. 그래서 좋은 기분을 유지하거나 누군가의 도움에 보답하기 위해 음식을 이용할 수도 있습니다. 우리는 긴장이나 불안, 고독 같은 부정적인 감정은 되도록 빨리 떨쳐 내고 싶어 합니다. 그래서 먹는 것으로 불쾌한 감정을 억누르거나 덮어 버리기도 합니다.

이런 경우에 걱정이 많던 사람이 낙천적인 뚱뚱보로 바뀔 수도 있습니다. 그러나 이러한 대안 전략은 다른 대안 전략들(술과 담배 등)과 마찬가지로 해결책을 제시하는 선에서 그치지 않습니다. 새로운 문제들을 일으키게 됩니다. 먹는 것으로 감정을 조절하려는 사람들은 과다 체중으로 기분이 안 좋은 데다 몸도 별로 움직이지 않습니다. 삶을 더 많은 것으로 채우고 싶어 하지만, 결국 몸을 더 많이 채울 뿐입니다.

먹는 것에 집착하거나 주의를 기울이지 않으면서도 체중이 내려가기를 바라며 저울 위에 오르는 경우도 있습니다. 그러나 이때는 체중 대신 자신의 삶을 '저울에 다는 것'이 바람직합니다. 당신이 이런 상황에 있다고 생각하면서 다음 물음들을 자신에게 던져 보십시오.

주목을 위한 물음

- 나는 내적 균형을 이루고 있는가?
- 내 영혼은 어떤 상태에 있는가?
- 내가 먹는 것에 부주의한 이유는 무엇과 연관되어 있는가?
- 내가 부주의하게 먹기 시작했을 때 기분이 어땠는가?
- 최근에 내게 무슨 일이 일어났는가?
- 마음의 평정을 되찾으려면 어떻게 해야 할까?

남들은 원하는 만큼 먹어도 이상적인 체중을 유지하는데, 자신은 먹는 대로 살찐다며 불평하는 사람들이 많습니다. 체질이 체격과 체중에 큰 영향을 미치는 것은 사실이지만, 이를 놓고 원망하는 것은 바람직하지 않습니다. 너무 많이 먹은 탓에 몸무게가 며칠 사이에 크게 늘었다면, 이를 당신의 현재 식습관과 영혼의 상태를 점검하라는 뜻으로 받아들이십시오. 누군가는 특별한 체질을 지녔지만, 이런 체질을 본인 스스로 택하는 사람은 아무도 없습니다. 특별한 체질은 하나의 선물로서, 먹는 것에 특별히 주목하라는 초대입니다. 더불어 자기 자신에게도 주의를 기울이라는 초대입니다. 식습관에 주목하지 않는다는 것은 자기 자신과 교류하는 데 주의를 기울이지 않는다는 뜻이기도 합니다. 체중이 증가하는 것은 자신의 욕구 및 한계와 한층 더 주의 깊고 사랑스럽게 교류하기를 바라는 메신저와도 같습니다.

당신은 자신을 다시 잘 돌보겠다고 매일 새롭게 결심할 수 있습니다. 식습관에 주의를 기울이는 것도 자신을 돌본다는 한 가지 표현입니다. 몸에 이롭고 바람직한 섭생攝生이 당신에게 무슨 의미를 지니는지 의식하십시오. 그리고 천천히 식사하십시오. 규칙적인 식사를 하고 더운 음식을 드십시오. 먹는 것에 주목한다는 것은 머리와 마음과 배가 조화를 이룬다는 뜻입니다. 그러니 허기와 포만감을 주의 깊게 인지하십시오. 배의 느낌을 신뢰하는 법을 배우십시오!

식사할 때 잠시 음식의 맛이나 냄새, 모양에만 주의를 기울여 보면 어떨까요? 식사를 시작하면서 음식의 맛과 냄새와 모양이 어떤지 짧게나마 주의를 기울일 수 있습니다. 그렇게 했을 때 당신에게 달라진 점이 있습니까? 주의를 기울이면서 먹는 것을 더욱 의미 있고 감각적으로 체험합니까?

식사하면서 침묵해 보는 것도 방법이 될 수 있습니다. 일주일에 한 번 정도는 침묵하면서 식사하는 것도 권할 만한 일입니다. 천천히 먹는 데 주의를 기울이면서 자기 자신에게 한 걸음 더 다가갈 수 있습니다. 원한다면 이 방법을 실행해 보십시오! 침묵하면서 식사하는 것이 당신에게 이로운지 살펴보십시오. 그것이 당신의 식습관과 감정에 어떤 영향을 미치는지 인지하십시오.

식탁 위에 오른 모든 음식은 결국 자연의 선물입니다. 그 음식은 당신에게 선물로 주어진 것입니다. 수많은 사람들이 땀을 흘리며 노력한 덕분에 당신이 그 음식을 먹을 수 있는 것입니다. 이를 의식하면서 당신은, 자연뿐만 아니라 음식으로 만들어지도록 애쓴 수많은 사람들과도 연결되어 있다는 사실을 알게 됩니다. 그리하여 식탁에 놓인 음식의 소중함도 깨달을 수 있습니다.

먹는 것에 감사할 때 연결과 충만함을 감지할 수 있습니다. 나아가 간단하고 소박한 음식도 값지고 귀한 음식이 됩니다.

다음 연습은 감사에 대한 것입니다. 이것을 하나의 자극으로 여기십시오. 원한다면 자신의 말이나 행동, 의식儀式으로 먹는 것에 감사하는 마음을 표현해 보십시오.

그리고 무엇이 달라졌는지 주의 깊게 살펴보십시오. 이제 먹는 것을 어떻게 인지합니까? 감사를 표현했을 때 어떤 기분이 들었나요?

연 습 . . 감 사

다양한 열매들을 자라게 해 준 땅에게 감사드립니다.
열매가 성장하도록 해 준 햇빛과 바람과 비에게 감사드립니다.
씨를 뿌리고 가꾸고 수확한 사람들에게 감사드립니다.
곡식을 빻은 이들과 빵을 구운 이들에게도 감사드립니다.
좋은 먹거리들이 우리에게 올 수 있도록 애쓴 수많은 사람들에게 감사드립니다.
재료를 구입하여 음식을 준비한 이들에게 감사드립니다.

음식을 익힌 에너지에게 감사드립니다.
이 음식을 먹고 생명을 유지하며 기쁨도 주니 감사드립니다.
이 모든 것에 감사드립니다!

현명한 소비

우리는 소비와 무절제한 미디어 사용, 탐욕을 부르는 일들을 다양한 방법으로 통제할 수 있습니다. 텔레비전 앞에 몇 시간이고 앉아 있거나 목적 없이 인터넷 검색을 하는 것은 우리의 진취적인 삶에 장애가 될 수 있습니다. 현대의 소비 사회, 미디어 사회는 우리가 더 이상 자기 자신과 만나지 못하도록 가로막고 있습니다. 참된 자아가 낯설어졌다면, 어떻게 해야 자신이 주도하는 삶을 살 수 있을까요? 눈에 보이는 매력을 지나치게 중요시하는 풍토에서 자칫 우리는 외적인 것에 치우칠 수가 있습니다. 그러나 진정한 행복은 안에서 나옵니다.

미디어, 소비 습관, 탐욕을 부르는 일에 현명하게 대처하려면 먼저 자신의 내면과 잘 소통해야 합니다. 외적인 것이 아닌, 내면에 초점을 둔 삶을 살기 위해서는 내면의 소리에 귀를 기울여야 합니다. 우리에게 정말로 필요하고 이로운 것이 무엇인지, 어떻게 해야 삶을 잘 꾸려 갈 수 있는지 내면의 소리가 알려 줄 것입니다. 내면에는 지혜가 깃들어 있습니다.

포기하는 법을 연습하면서 먼저 외부에 있는 무언가를 내려놓을 때 점차 내면으로 향할 수 있습니다. 소비를 부추기는 유혹들이 넘치는 풍조 속에서 의식적인 '포기'는 삶의 본질을 잃지 않는 한 가지 방법입니다. 자발적으로 포기할 때 자기 자신에게로 돌아갈 수 있습니다. 또한 자기 자신을 더욱 주의 깊게 인지하게 되고, 내면세계에 마음을 활짝 열 수 있습니다. 마티유 리카르Mathieu Ricard 스님은 자발적 포기의 의미를 이렇게 설명합니다. "중요한 것은 자신에게 유쾌한 것을 포기하는 게 아니라, 자신에게 정말로 가치 있는 것을 찾아내는 것이다."

우리는 대부분 행복하고 성공적인 삶을 갈망합니다. 그리고 이것을 가치 있다고 여깁니다. 행복에 대한 기준은 사람마다 다르지만(돈, 출세, 파트너, 지위 등), 공통적인 것이 한 가지 있습니다. 행복은 외부에서 오는 것으로 생각한다는 것입니다. 외부에서 무언가가 자기 바람대로 착착 진행될 때, 사람들은 행복하다고 여깁니다.

우리는 복지를 누리고 경제적인 걱정을 하지 않으며 자신이 원하는 일을 성취했을 때 비로소 행복할 거라고 생각합니다. 그런데 모든 것을 다 가졌더라도, 내적으로는 공허하고 여전히 충족되지 않은 채 살아갑니다. 사랑하는 사람이 곁을 떠났거나 병이 들었거나 일자리를 잃었다면, 자신이 행복하다고 말할 수 있을까요? 다시 행복해지기 위해서는 어떻게 해야 할까요?

내면에 뿌리내리면서 외적으로도 멋지고 아름다운 삶을 영위한다는 것은 물론 쉬운 일이 아닙니다. 그러나 행복의 원천은 우리 안에 있습니다. 외부에 있는 것이 아닙니다.

의사들이 병원에서 지속적으로 시행하는 프로그램이 한 가지 있습니다. 환자들이 몸과 마음을 좀먹는 미디어를 현명하게 다루고, 술이나 담배처럼 탐욕을 부르는 소비품을 포기하면서, 자신의 내면세계와 더 많이 교류할 수 있도록 계획한 프로그램입니다. 이 프로그램에 참여한 많은 환자들이 자기 자신에게로 돌아오게 되었으며 더 풍요롭고 행복한 삶을 누리게 되었다고 전합니다. 지금까지 억눌렸던 것, 너무 짧게 누린 것들을 다시 인지하게 되었다고 합니다. 한 여성 환자는 자신의 경험을 이렇게 말했습니다. "그 후로는 마치 안개가 걷힌 듯하고 제 마음에 스위치가 켜진 것 같았어요. 예전에는 눈에 띄지 않았던 면들을 이제는 보게 되었어요."

다음 물음들을 던지면서 당신 자신에게 관심을 기울이고 내면을 들여다보기를 바랍니다.

주목을 위한 물음

- 자신의 소비 습관을 어떻게 평가합니까?
- 술이나 담배, 약물처럼 건강을 해치는 것들을 얼마나 소비합니까?
- 텔레비전, 인터넷, 휴대 전화를 얼마나 의식적으로 사용합니까? 이런 매체들을 덜 사용하면 그 자리를 무엇이 대신합니까? 가령 운전

할 때 음악을 듣겠다고 의식적으로 결정합니까? 음악을 듣거나 선율을 즐기나요?
- 당신은 생각을 딴 데로 돌리기 위해 보통 무엇을 필요로 합니까?
- 자기 자신만을 위해 시간을 쓰는 것이 기쁩니까?
- 당신에게 실제로 이로운 것은 무엇인가요?

종교계에서는 단식을 의식적인 포기로 간주합니다. 의식적으로 포기할 때 내면을 정화하거나 중요한 일을 준비할 수 있습니다. 3세기에 살았던 교부 아타나시오는 단식의 효과를 이렇게 기술했습니다. "단식이 어떤 효과를 내는지 보십시오. 단식은 병을 낫게 하고 잘못된 생각을 몰아냅니다. 또한 정신을 맑게 해 주며 인간을 하느님의 어좌 앞으로 데려갑니다."

단식을 통해서도 자기 자신과 삶을 다시 생기 넘치고 의미 있게 체험할 수 있습니다. 병을 고치기 위해 단식해 본 사람은 단식에 정화 기능이 있다는 사실을 알 것입니다. 단식을 통해 오관을 다시 또렷이 인지할 수 있습니다. 단식한 사람들은 생각이 투명해지고 몸이 가벼워지며 기쁨과 자유를 누린다고 전합니다.

우리 삶에는 습관적으로 일어나는 일이 많습니다. 단순히 습관적으로 무언가를 했다는 것은 의식하지 않고 했다는 뜻입니다. 늘 같은 일만 하는 사람은, 자신이 이미 가진 것만 다시 얻게 됩니다. 낡은 습관을 깰 때 비로소 새로운 것을 맞아들일 공간이 열립니다. 낡은 습관을 깨십시오. 당신에게 정말로 이로운 것을 연습하십시오. 자신이 어떤 습관에 젖어 사는지 의식하십시오. 낡은 습관을 깨려면 날마다 의식적으로 무언가를 다르게 행하는 것이 효과적입니다. 지금까지 늘 같은 길로만 출근했다면, 내일은 다른 길로 가 보십시오. 무엇을 발견하게 될까요? 지금까지 늘 같은 차만 마셨다면, 이제는 다른 차를 마셔 보세요. 무슨 맛이 납니까? 늘 새로운 것을 시도할 수 있도록 마음의 준비를 하십시오. 그럴 때 내적으로 고착될 위험을 막을 수 있습니다. 작은 변화에 흔들리지 않아야 큰 변화에 직면해서도 쉽게 대처할 수 있습니다.

2장
생각과 감정에 주목하라

인지

우리가 느끼는 기쁨과 행복은 자기 자신을, 삶을, 세상을 어떻게 인지하고 평가하느냐에 달려 있습니다. 어떻게 인지하고 평가하느냐, 바로 이것이 긴장하거나 긴장을 푸는 데 결정적 영향을 미칩니다. 우리가 받는 자극과 이때 생기는 스트레스는 미국의 저명한 심리학자이자 스트레스 연구가인 리처드 라자러스Richard Lazarus의 모델에 비추어 다음과 같이 전개될 수 있습니다.

첫째 단계인 인지 단계에서는 외적 자극을 받게 되는데, 우리는 이를 감각 기관으로 인지합니다. 우리는 현실을 감각 기관으로 받아들입니다. 그 대상이 무엇인지 보고 듣고 느끼고 냄새 맡고 만집니다. 이때 우리는 순식간에 과도하면서도 다양한 자극을 받습니다. 때문에 그 가운데 선택하여 인지하려고 합니다. 다시 말해 특정한 자극은 받아들이지 않거나 피상적으로만 '훑으려' 합니다. 우리는 충분히 인지할 시간을 자신에게 허용하지 않습니다. 오히려 재빨리 평가하기 시작합니다.

둘째 단계인 평가 단계에서는 자신이 인지한 것을 판단합니다. 이때 우리는 주로 다음과 같은 범주에서 평가를 내립니다. "안전하다 - 위험하다", "원한다 - 원하지 않는다", "중요하다 - 중요하지 않다", "긍정적이다 - 부정적이다" 우리는 늘 평가하고 판단하느라 여념이 없습니다. 어떤 사람이나 상황을 실제로 충분히 인지하기도 전에 판단을 내려 버립니다. 미리 판단하는 것입니다. 이렇듯 우리는 사실을 객관적으로 인지하기 전에 성급히 평가하는 경향이 있습니다. 우리는 단숨에 '해석하고 평가하는' 데 많은 에너지를 소비합니다. 되도록 신속히 반응하기 위해 그러는 것이지요. 이때 지난날의 경험들이 현재 직면한 상황을 평가하는 데 (대부분 의식하지 못한 채) 영향을 미칩니다. 물론 전혀 엉뚱한 방향으로 나가는 경우도 간혹 있습니다. 그러면 불필요한 스트레스를 받기 마련입니다.

셋째 단계에서 우리는 앞서 내린 평가에 상응하는 행동을 합니다. 그리고 이때 사용한 전략이 적중할지 판단합니다.

인간관계에서 늘 발생하는 일들이 있습니다. 예를 들어 우리는 배우자, 친구, 직장 동료, 상사의 말이나 태도로 인해 상처를 받습니다. 이 때문에 마음이 편하지 않고 안정감을 잃게 됩니다. 그러면서 상대방이 나를 무시하거나 공격적인 발언을 한다는 것을 무의식적으로 거듭 알아차립니다. 이런 현상을 놓고 뇌생리학자들은 전에 형성된 네트워크가 작동하고 있다고 말합니다. 이때 우리는 위험 여부에 초점을 맞추고 선택하여 인지합니다. 그런데 자신이 긴장했거나 다른 자극에 의해 밀려났다고 느끼면, 위험 신호를 바라보는 시야가 더욱 좁아집니다. 그리하여 상대방이 중립적으로 말하는 것도 적의가 있다고 평가합니다. 더 이상 선입견에서 벗어나지 못하고 '지금, 여기'에 속할 수도 없습니다. 그래서 자신을 방어해야 한다고 결심합니다. 상대방은 나를 공격할 의도가 전혀 없는데도 말입니다. 결국 오해가 싹트고 다시 갈등을 빚게 됩니다.

전에 형성된 네트워크가 어떤 영향을 미치는지 구체적으로 보여 주기 위해 개인적인 경험을 예로 들겠습니다. 나는 어렸을 때 낯선 개에게 물린 적이 있습니다. 그 뒤로 낯선 개만 보면 몹시 불안해졌습니다. 성인이 되어서도 앞에서 다가오는 개가 나를 공격할지 안 할지 즉시 간파하려고 애썼습니다. 이와 대조적으로 아내는 개를 여러 마리 키우는 가정에서 성장하여 개와 친하게 지냈습니다. 함께 산책하다 보면 낯선 개와 마주칠 때가 있는데, 우리 둘은 매우 다르게 반응한다는 사실을 알게 되었습니다. 나는 즉시 긴장하지만, 아내는 달려오는 개를 쓰다듬으며 바로 친해집니다. 둘 다 똑같은 현상(달려오는 개)을 인지했지만, 과거의 경험이 서로 다르다 보니 반응 또한 달라지는 것입니다. 나는 내 안에 이미 각인된 것을 더 의식하게 되었으며, 앞에서 달려오는 개에게 다른 방식으로 반응하는 법을 아내에게서 배웠습니다. 그 뒤로는 낯선 개와 마주치더라도 덜 긴장하게 되었습니다.

당신에게도 일상에서 쉽게 긴장되는 상황들이 있을 것입니다. 예전에 그렇게 긴장했던 순간을 떠올려 보십시오. 수십 년을 거슬러 올라갈 뿐만 아니라 현재 상황을 인지하고 평가하는 데 영향을 미치더라도 과거의 경험을 의식으로 끌어올려 보십시오.

뇌 연구를 통해 우리가 알게 된 사실이 있습니다. 사람이나 상황을 인지하고 이해하는 능력은 뇌에 있는 '거울 신경 세포'의 활동에 좌우

된다는 것입니다. 긴장이 풀렸다면, 이는 특히 '거울 신경 세포'가 맹활약한 덕분입니다. 반면에 팽팽하게 긴장했다면, 이는 '거울 신경 세포'가 거의 활동하지 않은 탓입니다. 그래서 내적 긴장이 유발된 상황에서는 공감하거나 마음이 편해질 수 없는 것입니다.

긴장한 순간에는 인내심이 떨어지고 더욱 예민해진다는 사실을 당신도 경험으로 알 것입니다. 이런 까닭에 그때그때 직면하는 상황 앞에서 자신이 어떻게 대처해야 좋을지 모르며 당황하게 됩니다. 이것은 다시 스트레스를 증가시키는 요인이 됩니다.

우리가 인지하고 평가하는 데 결정적인 역할을 하는 것은 바로 자신의 상태입니다. 자신이 어떤 상태에 있느냐에 따라 인지와 평가가 달라집니다. 긴장했거나 자극을 받았을 때는 현실을 왜곡하여 인지하기 쉽습니다. 그리고 성급하게도 바람직하지 않은 평가를 내립니다. 스트레스를 받았을 때와 모든 것을 내려놓았을 때, 당신이 똑같은 상황을 얼마나 다르게 인지하는지 비교해 보십시오.

당신은 일상에서 자신의 상태를 어떻게 인지합니까? 긴장했을 때는 이를 본인 스스로 알아차립니까? 아니면 당신이 자극을 받고 긴장했다는 사실을 다른 사람들이 알려 줍니까?

다음에 소개하는 연습을 통해 당신의 내면세계를 외부 세계와 똑같이 인지하는 법을 익힐 수 있습니다. 내면과 잘 소통하고 외적 사건들을 몸으로 인지하는 데 이 연습이 도움을 줄 것입니다.

연습.. 내면 세계와 외부 세계 인지하기

잠시 시간을 내어 지금 이 순간 당신의 상태가 어떤지 인지하십시오. 의자 위에 똑바로 앉아서 숨을 의식적으로 들이쉬고 내쉬십시오. 눈을 감고 자신의 관심사에 주의를 기울이며 내면을 바라보십시오. 이때 몸에 어떤 느낌이 드는지 인지할 수 있습니까? 어떤 감정이 느껴지나요? 어떤 생각이 머릿속을 스치고 지나갑니까? 내적 자극을 감지합니까? 당신의 현재 상태는 어떻습니까? 생기가 넘칩니까, 아니면 지쳐 있습니까? 긴장이 풀린 상태입니까, 아니면 잔뜩 긴장하고 있습니까?

이제 주의력을 넓히십시오. 몸의 느낌에 주목하는 동안 듣는 데 관심을 돌리십시오. 어떤 소리와 음조가 들립니까? 당신이 들은 소리가 몸에 어떤 영향을 미칩니까? 들은 것과 몸이 인지한 것 사이에 어떤 상호 작용이 일어났습니까? 이제 서서히 눈을 뜨면서 당신이 바라보는 대상을 인지하십시오. 그 대상은 당신의 몸에 어떤 영향을 미칩니까?

상상과 실망

인간은 현실에 사로잡혀 있는 것이 아니라 현실에 대한 상상에 사로잡혀 있다.

— 벤저민 프랭클린

우리는 종종 행복에 필요한 것이 무엇인지 상상해 봅니다. 사람들은 대부분 특정한 목적을 달성해야 행복해질 수 있다고 생각합니다. 예컨대 돈을 많이 벌어 풍족하게 살거나, 이상적인 직업을 갖거나, 운명의 짝을 만나야 비로소 행복할 수 있다고 여깁니다. 그렇지만 행복 연구가들은 이와 좀 다른 결과를 내놓습니다. 근사한 집을 샀거나 간절히 바라던 직업을 갖거나 운명의 짝을 만났다 하더라도, 시간이 조금 지나면 현실은 그다지 행복하지 않은 것으로 나타났다는 것입니다. 행복에 대한 우리의 상상은 마치 신기루와도 같습니다. 신기루는 빛의 이상 굴절로 인해 엉뚱한 곳에 물체의 상이 나타나는 현상입니다. 사막의 열기가 영향을 미쳐 서늘한 연못이 있는 듯한 착각을 일으키는 것이지요. 실제로는 무더운 공기만 있을 뿐, 신선한 물은 어디에도 없습니다. 행복에 대한 우리의 상상도 이와 매우 흡사합니다. 그 상상이 우리를 속이며 헛된 희망을 품게 하는 것입니다.

우리가 행복을 추구하는 과정에서 실망할 때가 많은 까닭은, 현실보다 자신의 상상과 기대감을 더 중요하게 여기기 때문입니다. 우리는 현실을 받아들이지 않고, 상상이 만들어 낸 틀에 갇혀 있습니다. 그러나 왜곡된 상상은 현실을 바라보는 시야를 흐리게 합니다. 우유가 담겨 있는 뿌연 유리컵처럼 말이지요.

이러한 맥락에서 내가 참여하고 있는 성경 연극 단체가 떠오릅니다. 우리는 '가나의 혼인 잔치'를 공연한 적이 있습니다. 물이 포도주로 변하는 기적에 관한 이야기지요. 연극을 마친 뒤, 우리는 그러한 놀라운 변화가 실제로 일어날 수 있다는 데 의견이 일치했습니다. 그런데 60대 초반의 한 여성은 의견이 달랐습니다. 실제 삶에서 그런 일은 불가능하다며 자기 생각을 고집했습니다. 그녀가 다른 가능성을 바라보지 못하는 것은, 어렸을 때부터 부모에게서 그렇게 배웠기 때문입니다. 그러니 어떻게 기적을 꿈꿀 수 있겠습니까!

한 가지 분명한 사실이 있습니다. 우리는 누구나 상상한다는 것입니다. 우리는 자신에 대해, 다른 사람들에 대해, 삶에 대해 상상합니다. 그리고 이 상상에는 당연히 기대치가 수반됩니다. 기대가 충족되지 못하면 실망이 따르기 마련입니다. 더 만족스러운 삶을 추구하는 과정에서 상상과 기대치 때문에 우리는 불편할 때가 무척 많습니다. 이로 인해 시야가 편협해지고 자기 자신은 물론 삶까지 비하하게 됩니다.

이야기 .. 잃어버린 시력

30대 중반의 한 남성 환자는 어렸을 때 사고를 당해 왼쪽 눈이 멀었다. 그 뒤로 그는 자존감을 잃은 채 또래 아이들로부터 무시당했다. 그래서 두 눈이 다 있어야 '정상적인' 삶을 살 수 있다고 생각했다. 그는 점차 용기를 잃었으며 급기야 우울증까지 찾아왔다. 그가 병원에서 치료받는 동안 이런 일이 있었다. 그는 같은 병실의 환자와 함께 밖으로 나가 차를 마시면서 펑펑 내리는 눈을 바라보고 있었다. 그와 함께 차를 마시던 환자는 남의 처지를 잘 이해하는 사람이었다. 그 환자는 마시던 차를 눈 속에 쏟아 버리면서 이렇게 말했다. "당신은 오로지 잃어버린 시력에만 관심이 있을 뿐, 다른 데에는 전혀 주의를 기울이지 않는 것 같네요. 이는 마치 당신이 눈 속에 쏟아진 차만 바라보고, 눈이 내리는 아름다운 겨울 풍경은 보려고 하지 않는 것과 같습니다."

앞의 조언은 그 젊은 환자가 우울증을 극복하는 데 큰 힘이 되었습니다. 그는 건강한 삶에 대한 상상 속에 자신이 얼마나 깊이 갇혀 있었는지 깨달았습니다. 그동안 자신을 사고의 희생양이라고만 여겨 왔으며, 이로 인해 자신을 깎아내렸습니다. 이제 모든 가능성과 한계와 더불어 자신이 삶을 주도할 수 있다는 것을 깨달았습니다. 그는 현재의 상황을 서서히 받아들이면서 실망을 극복하는 법을 배우게 되었습니다.

오래된 상상, 기대치, 실망감을 내려놓고 현재의 삶을 받아들일 때 비로소 자유로워질 수 있습니다. 일본의 한 선사는 이렇게 말합니다. "진리를 갈망할 것이 아니라 당신의 상상에서 벗어나라."

우리는 다른 누군가가 자신의 행복과 불행을 결정한다고 생각할 때가 많습니다. 그러면 자신을 희생양으로 여기게 되며, 자신에게는 행복에 대한 책임이 없다고 생각하게 됩니다. 실망할 때, 무시당했다고 느낄 때 다음 연습이 도움이 될 수 있습니다.

연 습 . . 거 울

집에서 적어도 매일 한 번은 거울 앞에 서십시오. 그리고 거울 위에 손가락으로 이렇게 쓰십시오. "나는 내 삶에 대한 책임이 있다." 시간을 내어 이 메시지가 당신의 마음을 움직이도록 애쓰십시오. 이 연습을 규칙적으로 하십시오. 특히 무력감을 느낄 때, 무시당했다고 느낄 때, 자신이 다른 사람들이나 불리한 상황의 희생물이라는 생각이 들 때 이 연습을 하십시오.

때로 우리는 자신의 삶에 대해 어떤 태도를 취하고 있는지 의식하지 못합니다. 하지만 그것은 지대한 영향을 미칩니다. 바로 거기서 현실이 시작되기 때문입니다. 우리가 삶에 대해 취하는 태도나 마음가짐이 자신의 운명을 함께 형성합니다. 이는 탈무드에 나오는 다음 글에서도 잘 드러납니다.

태도는 생각이 되므로 너의 태도에 유의하라.
생각은 말이 되므로 너의 생각에 유의하라.
말은 행동이 되므로 너의 말에 유의하라.
행동은 습관이 되므로 너의 행동에 유의하라.
습관은 성격이 되므로 너의 습관에 유의하라.
성격은 운명이 되므로 너의 성격에 유의하라.

우리는 내적 태도로 운명을 개척합니다. 이때 비극적인 것은, 자신의 이러한 근본적인 태도가 어떠한지 우리는 대부분 전혀 의식하지 않는다는 것입니다. 자기 자신, 다른 사람들, 삶을 어떻게 받아들이느냐에 따라 문 안으로 발을 내디딜 수 있습니다. 이런 태도를 지니도록 노력하느냐, 그렇지 않느냐는 자신의 선택에 달렸습니다.

다음에 소개하는 이야기는 지혜에 관한 내용입니다. 이 이야기를 통해 삶에는 다양한 변수가 존재한다는 것을 알 수 있습니다.

이 야 기 . . 행 복 과   불 행

옛날 중국의 한 마을에 어떤 노인이 살고 있었습니다. 어느 날, 그가 기르던 말이 멀리 달아났습니다. 이웃 사람이 이 사실을 알고 찾아와서 위로했습니다. "어르신이 애지중지 기르던 말이 달아났군요." 그러나 노인은 조금도 섭섭한 기색 없이 말했습니다. "오히려 그것이 이익이 될지 누가 알겠는가?" 얼마 뒤, 달아났던 말이 야생마를 데리고 돌아왔습니다. 이웃 사람이 이를 알고 축하했습니다. "정말 부럽군요. 말 한 마리가 거저 생겼으니 말입니다." 노인은 담담하게 말했습니다. "이것이 화가 될지 누가 알겠는가?" 그러고 나서 얼마 안 되어, 노인의 아들이 그 말을 타다가 떨어져 다리가 부러졌습니다. 동네 사람들이 달려와서 위로했습니다. "어쩌면 좋아요. 하나뿐인 아들이 크게 다쳤으니 이제 더는 농사일을 거들 수 없겠네요." 노인은 무표정하게 말했습니다. "이 일이 복이 될지 누가 알겠는가?" 얼마쯤 지나자, 이웃 나라가 쳐들어와서 전쟁이 터졌습니다. 그래서 마을의 젊은이는 모두 징발되어 싸우다가 대부분 목숨을 잃었습니다. 그러나 노인의 아들은 장애인이었기 때문에 징발에서 제외되어 생명을 구할 수 있었습니다.

나는 이 이야기를 좋아합니다. 삶에서는 모든 것이 끊임없이 변한다는 사실을 명확히 전해 주기 때문입니다. 다른 사람들의 생각에 따라 마음이 쉽게 흔들리지 않는다는 점에서 노인의 지혜가 엿보입니다. 노인은 앞날을 예측할 수 없다고 여겼기 때문에 섣부른 대답을 피하고 열린 마음을 지닐 수 있었습니다. 그는 삶의 변화에 마음이 열린 인물이었습니다. 그래서 현실을 외면하지 않고 있는 그대로 받아들일 수 있었던 것입니다.

"예."

불만족스러운 상태에 대처하기 위한 방법은 두 가지가 있습니다.

살아가면서 우리는 변화와 개선을 위해 힘과 용기를 낼 때가 있습니다. 반면에 우리 힘으로 어찌지 못하는 상황도 있습니다. 아무리 애를 써도 외적으로 달라지지 않는 경우가 있습니다. 그럴 때 중요한 것은 현재의 상태를 있는 그대로 받아들이는 것입니다. "예."라고 말할 때 겉으로는 아무 변화가 없는 것처럼 보일지라도, 내면에서는 모든 것이 달라집니다. 현실과 맞서 싸우거나 현실에 매달렸던 예전과 달리, 이제는 현실을 있는 그대로 받아들이고 내적 평화를 얻게 됩니다.

평화를 얻는다는 것은 내적으로 만족스럽고 평정을 지닌다는 뜻입니다. 평정은 지혜와도 통합니다. 다음 기도가 이를 잘 말해 줍니다.

평정을 구하는 기도
— 라인홀드 니부어Reinhold Niebuhr

주님, 제게 마음의 평정을 주소서.
제가 바꿀 수 없는 것들을 받아들이게 해 주소서.
제가 바꿀 수 있는 것들을 바꿀 용기를 주소서.
그리고 이것을 분별하는 지혜를 주소서.

나는 이 기도를 놀라운 삶의 법칙으로 여깁니다. 우리가 이에 따라 산다면, 삶은 한결 가벼워질 것입니다. 우리가 제자리에 있다면, 더 이상 우리 힘으로 바꿀 수 없는 것과 맞서 싸우거나 이에 넘어갈 필요가 없을 것입니다. 우리가 좀 더 마음의 평정을 유지할 때, 더 가볍게 살 수 있고 모든 것을 더욱 신뢰할 수 있습니다. 자신의 에너지를 무엇을 위해 쓸 것인지 의식하며 결정한다면 더 이상 힘을 낭비하지 않게 될 것입니다. 그런 면에서 다음의 영국 속담은 마음에 새길 만합니다. "당신이 무엇을 위해 싸울 것인지 결정하라!" 당신의 에너지를 무엇을 위해 쓸 것인지 결정하십시오. 그러나 좋은 결정을 내리기 위해서는 이것과 저것을 구분할 줄 아는 지혜가 필요합니다. 당신은 이러한 지혜를 이미 내면에 지니고 있습니다. 그러니 내면의 지혜를 신뢰하십시오. 늘 시간과 공간을 마련하여 내면의 소리에 귀를 기울이고 이에 따라 행동하십시오.

'평정을 구하는 기도'는 자신이 바꿀 수 없는 것들을 받아들일 수 있도록 청하는 것으로 시작합니다. 자신의 상상이나 소원대로 달라질 수 없다는 것을 받아들일 때 비로소 내면에서 평화를 누릴 수 있습니다. '받아들임'은 단순히 수용하는 것 이상입니다. '받아들임'은 체념하는 것과는 다른 그 무엇입니다. '받아들임'은 있는 그대로의 것에 대해 "예."라고 말하는 것입니다. 그러나 그것이 우리의 기대나 상상에 부합하지 않아서 "예."라고 말하는 것은 아닙니다. 그저 있는 그대로 존재하기에 "예."라고 말하는 것입니다.

"예."라는 단어는 한 글자로 이루어져 있습니다. 이보다 더 간결하고 함축적인 말도 없습니다. 간단명료합니다. 당신이 어떤 일에 대해서 혹은 누군가에게 이렇듯 명쾌하게 말하는지 늘 주목하십시오. 당신이 "예." 대신 "아니요."라고 말한다면 무슨 일이 일어날까요? 지금 당신이 "예."라고 말하기를 기다리는 어떤 대상이 있습니까? 그 무엇에 대해 "예."라고 말하는 것과 빠져나갈 길을 마련해 놓는 것은 어떤 차이가 있는지 감지합니까?

"예."라고 말하는 사람은 이로 인해 내면에서 평화를 맛봅니다. 내면에서 평화를 누리는 사람은 이를 외부로 발산합니다. 내면에서도, 외부에서도 빛이 발합니다.

내적 평화를 누리는 사람들은 기쁘고 행복해 보입니다. 모든 것에 주목하고 만족하는 사람들과 만날 때 우리도 안정을 되찾을 수 있습니다. 그런 사람들과 가까워질 때 (그들의 내적 평화는) 우리에게도 이롭게 작용하므로, 그런 사람들과 가까워지도록 애쓰십시오. 어떤 사람들과 시간을 보낼지는 당신이 선택하는 것입니다. 당신에게 유익한 사람들과 더 많은 시간을 보내십시오. 내면이 순수한 사람은 복잡한 인간관계에 쉽사리 얽히지 않습니다.

마음의 평정을 유지한다는 것, 만족한다는 것은 특히 영적으로 건강하다는 표현입니다. 그렇게 안정을 누리는 사람은 쉽게 만족하며 살고 바람직한 인간관계를 형성할 수 있습니다.
　바뀔 수 없는 것 때문에 평화를 누리지 못하면 자기 자신에 대해서도 만족하기가 어렵습니다. 만족하려면 먼저 사람, 사물, 일, 상황을 있는 그대로 받아들일 줄 알아야 합니다. '받아들임' 안에는 큰 힘이 들어 있습니다. 이는 마음의 평정을 누릴 수 있는 힘입니다. 받아들이거나 내려놓을 때 평정을 되찾을 수 있습니다. 삶 또한 한층 가벼워질 것입니다. 바뀔 수 없는 것과 맞서 싸운다면, "아니요. 나는 그것을 원하지 않아요." 혹은 "아니요. 나는 다른 것을 원해요."라고 말한다면 삶은 더 무거워지고 맙니다.
　삶의 법칙을 역행할 때, 바뀔 수 없는 것과 맞서 싸울 때, 달라질 수 없는 것을 억지로 바꾸려 할 때 삶은 우울해질 수밖에 없습니다. 이러한 상황은 늘 부정적인 결과를 낳습니다. 그러므로 이를 시험해 보라고 당신에게 권하고 싶지는 않습니다.

다음 이야기에 나오는 양치기의 삶의 지혜를 당신도 자신을 위해 활용해 볼 수 있을 것입니다.

이 야 기 . . 일 기   예 보

한 나그네가 길을 걷다가 양치기에게 물었습니다. "오늘 날씨가 어떨까요?" 양치기가 대답했습니다. "내가 원하는 대로 될 거요." 이 말을 듣고 나그네가 말했습니다. "오늘 날씨가 당신이 원하는 대로 될지 어떻게 알 수 있단 말이오?" 양치기는 이렇게 대답했습니다. "이보시오, 그동안 살아오면서 내가 깨달은 점이 있소. 내가 원하는 것을 항상 얻을 순 없다는 것이오. 그러나 내가 얻고 싶은 것은 언제나 꿈꿀 수 있다는 것을 경험으로 배웠소. 그래서 오늘 날씨도 내가 원하는 대로 될 거라고 확신하는 것이오."

물론 날씨는 우리가 원하는 대로 바뀔 수 없습니다. 우리 마음대로 할 수 있는 것이 아닙니다.

삶의 지혜를 보여 준 양치기처럼, 우리도 무언가를 받아들일 때 마음의 평정을 얻을 수 있습니다. 그런데 우리는 '좋지 않은' 날씨 때문에 얼마나 자주 화를 내는지요? 비가 내리면 우리는 보통 '좋지 않은' 날씨라고 여깁니다. 날씨가 궂으면 기분이 엉망이라고도 말합니다.

'좋지 않은' 날씨를 탓하고 이 때문에 화가 난다면, 기분은 더욱 나빠지고 말 것입니다. 불가피한 일과 맞서 내면에서 투쟁을 벌이고 이를 '좋지 않다'고 말한다면, 마음의 평정을 누리기 어렵습니다. 이는 우리에게 해만 끼칠 뿐입니다.

바꿀 수 없는 것을 받아들일 때, 그 안에 좋은 것이 있다고 여길 때, 이는 우리에게 도움이 될 것입니다. 가령 우리나라에 비가 전혀 내리지 않는다면 어떻게 될까요? 오히려 비에게 감사해야 하지 않을까요?

나는 확신합니다. 바꿀 수 없는 것을 받아들일 때 그 안에서 뭔가 좋은 것을 발견하게 될 것입니다.

평정을 얻기 위한 연습을 하십시오. 화를 꾹 참는 것과 변화무쌍한 일상에서 흔들림 없이 대처하는 것, 이 둘의 차이를 감지하십시오. "평정"을 뜻하는 독일어 'Gelassenheit'는 언어사적으로 볼 때 지나가게 하는 것, 내려놓는 것, 풀어놓는 것과 의미가 유사합니다. 어쩌면 당신은 안 좋은 경험을 했던 순간들을 떠올릴지도 모릅니다. 심각한 문제에 부딪쳤던 때, 해결책을 얻기 위해 고군분투했던 때, 그럼에도 만족하지 못했던 때가 생각날 것입니다. 부디 내려놓도록 애쓰십시오. 편안하고 신뢰하는 마음으로 자신의 관심사를 대하십시오. 그러면서 당신 안에서 무엇이 달라지는지 인지하십시오. 그리고 어떻게 해야 뜻밖의 해결책을 찾게 될지 주의를 기울이십시오.

'내면의 추진자'

우리가 행동하도록 이끄는 내적 원동력, '내면의 추진자'는 무엇일까요? 우리 안에는 가장 근본적인 욕구가 있습니다. 이 욕구가 자신의 뜻을 이루려는 마음을 불러일으킵니다. 우리에게는 자기만의 개성, 잠재력, 역량을 펼치고 싶은 욕구가 있습니다. 동시에 우리는 다른 사람들과 결속되고 그들에게 받아들여지며 사랑받고 있음을 느끼고 싶어 합니다. 그래서 관계를 맺고 사람들과 어울리며 살기를 원합니다. 나 자신과 잘 교류하면서 다른 사람들과도 좋은 관계를 유지하기를 갈망합니다. 나 자신은 물론 다른 사람들과도 잘 교류하기를 바라는 이러한 기본적인 욕구를 우리는 평생 지니고 삽니다.

반면에 우리 안에는 아주 어릴 적에 형성된 기대치가 있습니다. 이는 나와 가장 먼저 관계를 맺은 사람들, 대부분 부모님에 의해 의식적·무의식적으로 형성된 것입니다. 이 기대치가 우리에게 용감하고 잘 적응하며 매사에 부지런하라고 요구합니다. 부모님의 이런 요구가 어린 시절에는 우리에게 어느 정도 절대권을 행사했습니다. 부모님의 기대에 부응하지 못하면 사랑을 잃게 될까 봐 두려웠기 때문이지요. 그렇더라도 우리에게는 여전히 소속감을 지니고 싶고 받아들여지기를 바라는 욕구가 남아 있습니다.

어른이 되어서야 깨닫는 것이 있습니다. 업적을 쌓고 권위를 행사할 때 남들로부터 인정받는다는 것입니다. 우리는 부모님이 전해 준 메시지를 '태도의 규칙'으로 내면화하는데, 대부분 이를 의식하지 못합니다. 그렇기 때문에 이 규칙이 우리 안에서 마치 자동 장치처럼 생각과 감정과 행동에 영향을 미치는 것입니다.

'내면의 추진자' 개념은 협상을 분석해 보면 잘 알 수 있습니다. '내면의 추진자'는 우리가 성인이 되어서도 될 수 있는 대로 용감하고 잘 적응하며 매사에 부지런해야 사랑받을 수 있다고 믿게 만듭니다. 우리는 거기서 내적 신조를 끌어내어 이를 고수합니다. 이를테면 실수해서는 안 되고, 완벽해야 하며, 모든 사람에게 정의롭게 대해야 자신이 받아들여지고 사랑받는다고 굳게 믿습니다.

살아가면서 우리는 이 무자비한 '내면의 추진자'와 자신의 근본 욕구가 충돌하는 경험을 자주 합니다. 내면화된 부모-메시지를 제대로 실천하려면 자신의 욕구는 무시해야 한다고 여깁니다. 팽팽한 긴장이 유발될 때는 '내면의 추진자'가 더욱 막강한 영향을 미칩니다. 우리에게 더 많은 업적을 이루라며 몰아대기 때문입니다.

'내면의 추진자'와 근본 욕구 사이에서 생기는 긴장으로 말미암아 내적 갈등과 모순이 유발됩니다. 이는 대부분 인간관계에서 오는 갈등과 부정적인 감정으로 표현됩니다. 이런 경우, 자신이 내몰리는 것처럼 느껴지거나 스트레스에서 벗어날 수 없게 됩니다. 자신의 욕구는 등한시한 채 '내면의 추진자'만 따른다면 중심과 내적 균형을 잃게 됩니다. 이 무정하고 가차 없는 '추진자'를 따르기 위해 늘 긴장하고 악착같이 일한다면, 어떻게 안정감을 얻을 수 있겠습니까?

주목하는 사람들은 '내면의 추진자'를 추적하며 이 실체와 대면하고자 합니다. 그런 사람들은 어릴 적에 형성된 자신의 신조를 의식하면서 이 내면화된 메시지와 잘 교류할 수 있습니다. '내면의 추진자'와 거리를 두면서 이를 자기 역사의 일부로 받아들입니다. 그러면 '내면의 추진자'는 그 파괴적 특성을 잃게 됩니다.

어린 시절과 상관없이 오늘날 우리는 자유롭습니다. 스스로 결정할 수 있고, 미래에 대한 확신도 품을 수 있습니다. 우리는 더 이상 지난날 부모님에게 의존하던 어린아이가 아닙니다. 우리 안에 있는 건강한 '성인'은 '지금, 여기'에 있는 나의 삶을 책임질 수 있습니다. 우리는 새롭고 바람직한 일들을 스스로 택할 수 있습니다. 우리 안에 있는 건강한 '성인'은 다음과 같이 긍정적으로 말할 수 있습니다.

나도 실수할 수 있다.
나는 있는 그대로 좋다.
나는 근본적으로 사랑스러운 존재이다.

'내면의 추진자'에게 자리를 내주고 자신의 욕구를 등한시한다면, 자기 자신과 좋은 관계를 유지하지 못할 뿐더러 자신을 사랑할 수도 없습니다. 나를 압박하는 이 오랜 실체와 거리를 둘 때 자기 자신을 깊은 애정으로 대할 수 있습니다.

우리는 자신을 사랑하고 싶어 합니다. 그런데 자신을 사랑할 권리가 없다고 여기는 사람들도 더러 있습니다. 사랑을 다른 사람들에게 향하는 그 무엇으로 여기는 것입니다. 하지만 우리가 가장 깊은 애정을 지니고 주의를 기울여야 할 대상은 바로 자기 자신입니다. 내가 나 자신과 좋은 관계를 유지하고 나를 사랑할 때 비로소 다른 사람들에게도 애정 어린 마음으로 다가갈 수 있습니다.

당신이 다음 물음들에 답하며 '내면의 추진자'를 추적하도록 초대합니다. 먼저 어린 시절의 경험들을 떠올려 보십시오.

주목을 위한 물음

- 어렸을 때 집안 분위기는 어땠나요?
- 어머니가 삶의 교훈으로 당신에게 준 것은 무엇입니까? 이는 어머니의 말이나 행동으로 표현할 수도 있고, 어머니가 보여 준 삶의 태도를 떠올릴 수도 있습니다.
- 아버지가 삶의 교훈으로 당신에게 준 것은 무엇입니까? 아버지는 당신에게 어떤 모범을 보였으며, 어떤 정신적 유산을 물려주었습니까?
- 부모님의 메시지는 서로 얼마나 조화를 이루었습니까? 그리고 당신에게 어떤 영향을 미쳤습니까?
- 부모님의 메시지에 당신은 어떤 반응을 보였나요? 그 메시지를 통해 얻은 열매는 당신 자신과 삶, 다른 사람들에게 어떤 영향을 미쳤습니까?

― 당신이 내면의 건강한 '성인'과 교류한다면 새롭고 긍정적인 태도가 어떤 형태로 표출될 수 있을까요? 내면의 소리가 늘 당신에게 크고 작은 소리로 말할 것입니다. 당신의 새로운 마음가짐을 표현해 보십시오.

나의 감정은 소중한 자산이다

우리는 감정을 크게 '긍정적' 감정과 '부정적' 감정으로 나눕니다. '긍정적' 감정으로는 기쁨과 사랑이 꼽힙니다. 우리가 반기는 감정들입니다. '부정적' 감정에는 화, 분노, 두려움, 부끄러움 따위가 속합니다. 우리는 이런 감정들을 거부하며 느끼려 하지 않습니다. 밀어내거나 억압하려고 애씁니다.

우리가 감정을 '긍정적' 감정과 '부정적' 감정으로 나누는 것만으로도 이미 정서 생활의 상당 부분을 거부하는 것입니다. 그뿐만이 아닙니다. 자기 자신도 거부하는 셈입니다.

우리는 '부정적' 감정을 피하기 위해 다양한 전략을 펼칩니다. 술, 담배, 약물, 먹는 것, 미디어 따위로 달아납니다. 우리는 '부정적' 감정을 지나가는 것으로 여기며 더 이상 진지하게 느끼지 않으려고 안간힘을 쓰지만, 이 감정은 우리에게 지대한 영향을 미칩니다. 스트레스를 받게 되면 '부정적' 감정이 더욱 격하게 나타납니다. 이럴 때 우리는 깜짝 놀라고 맙니다. 그런 상황에서는 '부정적' 감정에 꼼짝 못 하거나 지배당한다는 인상마저 들 수 있습니다.

그런데 '부정적' 감정을 마냥 억누르거나 스트레스에 압도당할 것이 아니라, 불쾌한 감정과 교류할 수 있는 방법이 있습니다. 불쾌한 감정도 마음을 열고 받아들이는 것입니다. 불쾌한 감정도 삶의 큰 자산으로 여기고 반기는 것입니다.

불쾌한 감정이든 유쾌한 감정이든 모든 감정에는 잠재력이 숨어 있습니다. 감정은 우리 안에서 무언가를 움직이게 하는 힘입니다. 감정과 건설적으로 교류할 때, 이 잠재력을 받아들이게 되며 우리가 성장하는 데 유익이 되게 할 수 있습니다.

불안감은 예컨대 우리로 하여금 정지 상태에 있는 에너지원에 다가가게 할 수 있게 합니다. 우리는 누구나 불안감이 유발되는 상황을 경험합니다. 아드레날린이 치솟고, 내면에서는 모든 것이 감전된 듯합니다. 근육이 딱딱하게 뭉치고 맥박이 높아지며 몸 전체가 흥분합니다.

불안에 잠재된 힘과 교류할 때, 특정한 상황에서 유연하게 대처할 수 있습니다. 아드레날린의 분비가 증가된 것은 우리가 위험 속에서 더욱 신속하고 바람직하게 대처하도록 영향을 미칠 수 있습니다. 불안 속에 깃든 힘을 받아들일 때, 불안한 감정이 우리를 지켜 줄 수 있습니다. 그런데 만성적이거나 보편화된 불안에 시달리는 사람들이 많습니다. 이는 이른바 '불안에 대한 불안'입니다. 당사자들은 이를 마비된 듯한 느낌으로 체험합니다. 이러한 감정을 부정적인 것으로 여기며 거부합니다. 또한 이 때문에 불안을 일으키는 상황을 피합니다. 불안에 대해 불안해한다면, 불안한 감정과는 교류하기 어렵습니다. 자신이 마비된 것 같은 느낌도 듭니다. 이로 인해 불안이 단계적으로 확산됩니다. 이는 당사자를 공황 상태로 내몰아, 자신이 무기력하고 무언가에 넘겨진 것 같은 느낌이 들게 합니다.

감정이 담당하는 중요한 임무 중 하나는 우리로 하여금 자신의 욕구와 행복에 대해 알게 하는 것입니다.

유쾌한(긍정적) 감정은 마치 '녹색등'과 같은 역할을 한다고 상상하십시오. '녹색등'은 우리 안에 있는 모든 것이 녹색 영역에 있고 우리의 욕구가 잘 이루어지고 있다는 것을 상징합니다. 불쾌한(부정적) 감정은 충족되지 않은 내면의 욕구를 암시합니다. 이 감정은 이른바 '빨간색 등'이 비춥니다. 불쾌한 감정은 우리 안에 무언가 필요한 것이 생겼다는 것, 이에 도움을 요청하는 것으로 여길 수 있습니다. '빨간색 등'은 일종의 경보 신호처럼 작용하여 우리로 하여금 필요한 것을 실행하도록 결심하게 만듭니다.

가령 분노라는 불쾌한 감정을 인지한다면, 배후에는 내가 상처를 받았다는 사실이 숨어 있습니다. 어쩌면 누군가가 나를 존중하지 않았거나 보호와 안정에 대한 나의 욕구가 무시당했을 것입니다. 분노라는 감정은 어긋난 방향으로 나아가는 것을 다시 본 궤도에 올려놓으려고 합니다. 그리고 보호와 안정에 대한 욕구와 존중받고자 하는 욕구가 우리 안에 다시 생기도록 기여합니다. 그러기 위해 우리 몸은 에너지를 많이 준비하고 있습니다. 이를 '분노에 잠재된 힘'이라고 부를 수 있습니다.

어린 시절에 '분노에 잠재된 힘'과 건설적으로 교류한 경험이 없다면, 성인이 되어서도 이 힘을 억누르기 쉽습니다. 아이였을 때 우리는 어른들로부터 분노해서는 안 된다고 배웠습니다. 이때 우리가 어른들의 가르침을 곧이곧대로 듣고 그대로 따르는 것은 그다지 큰 영향을 미치지 않습니다. 오히려 더 큰 문제는, 우리가 분노를 표출하는 것을 '사악한' 것으로 여기고 이를 억누른다는 데 있습니다.

자신에게 다음과 같이 말한다면 얼마나 기이하게 들리겠습니까! "이 분노는 좋은 것이다. 분노는 뭔가 달라지는 데 도움이 된다." 어떤 탐욕의 배후에는 대부분 그동안 쌓이고 억눌린 분노가 숨어 있습니다. 이 분노가 밖으로 표출되지 않고 내면에 억압되어 있는 것입니다. 자신의 욕구(보호, 안전, 명예 등)가 충족되지 않을 경우, 대리 만족(예를 들어 술)을 찾기 마련입니다. 그러나 이런 대체 전략은 큰 단점이 있습니다. 결국 자신의 욕구를 채우지도 못할 뿐더러, 지금 자신이 처한 상황도 인지할 수 없게 됩니다. 때문에 이런 전략은 해결책이 아닙니다. 실제적인 욕구는 늘 새로운 것을 찾아 나서지만, 이 역시 채워질 수 없기 때문입니다.

안전과 보호에 대한 욕구, 이 온당한 욕구가 지속적으로 억눌리면 절망과 함께 분노가 폭발합니다. 이는 주전자의 물이 펄펄 끓을 때 뚜껑이 들썩이는 것과 같습니다. 그러면 대부분 파괴적인 결과가 뒤따

럽니다. 분노가 폭발하면 예기치 않은 돌발 상황이 벌어집니다. 그러한 상황에서 누군가는 얼굴이 붉으락푸르락해지기도 합니다.

주목하는 사람들은 불쾌한 감정과 교류하고 이를 다스리는 법을 연습합니다. 그들은 자신의 감정에 귀를 기울이고 이를 이해하는 법도 배웁니다. 그리하여 채워지지 않은 욕구에 대처할 줄 알게 되는 것입니다. 주목하는 사람은 현명하게 행동하고 올바르게 대응할 수 있습니다. 불쾌한 상태에 갇히지도 않습니다. 외롭고 쓸쓸한 느낌이 들더라도, 이를 자신의 영혼이 뭔가 갈망하는 것으로 여기며 다른 사람들과 더 많은 관계를 맺습니다. 그리고 사람들과 바람직하게 교류하는 데 더 많은 시간을 투자합니다.

내면의 영상을 통해 자신의 불쾌한 감정과 어떻게 교류할 수 있는지 다음 연습을 소개하겠습니다. 당신이 자신의 감정에 더 다가가도록 내면의 영상이 도움을 줄 것입니다. 간단히 연습해 보기를 권합니다. 이 연습은 밤에 해도 좋습니다. 그러면서 당신이 하루 동안 느낀 불쾌한 감정을 훨씬 더 분명히 이해할 수 있을 것입니다.

연습 . . 캠 프 파 이 어

연습할 시간을 충분히 내십시오. 될 수 있는 대로 방해받지 않을 장소를 택하십시오. 자리에 편안히 앉아 눈을 감으십시오. 캠프파이어를 떠올리며 당신도 거기에 있다고 상상하십시오. 이제 불쾌한 감정을 초대하여 당신 맞은편에 앉게 하십시오. 마음을 열고 불쾌한 감정과 대화를 시도하십시오. 당신에게 어떤 메시지를 주고 싶어 하는지 불쾌한 감정에게 물어볼 수 있습니다. 당신이 모든 것을 제대로 이해했는지 불확실하다면, 내면의 지혜를 초대하여 캠프파이어 한쪽에 앉게 하십시오. 그리고 불쾌한 감정에는 어떤 깊은 의미가 들어 있는지 내면의 지혜에게 물어보십시오. 이때 불쾌한 감정을 당신 맞은편에 초대했다는 것, 그 감정을 존중한다는 것에도 주의를 기울이십시오. 당신의 불쾌한 감정과 내면의 지혜에게 감사한 마음을 전하며 이 연습을 끝내십시오.

당신의 모든 감정을 환대하고 이에 주목하십시오. 다양한 감정을 인지하고 이해하는 법, 욕구에 주의를 기울이는 법을 익히십시오. 하지만 당신 자신과 당신의 감정을 동일시하지는 마십시오. 감정에 휘둘리지 마십시오. 당신은 이런저런 감정을 느낄 뿐이지, 당신 자신이 감정은 아니라는 것에 유의하십시오. 당신은 감정 이상의 존재입니다.

당신이 느끼는 감정은 모두 소중합니다. 감정은 영혼과 의식을 이어 주는 통로입니다. 당신이 감정을 인지한다는 것은 이를 간과하지 않는다는 뜻입니다. 당신은 자신의 감정을 영혼이 보낸 전령으로 여기며 이에 주목할 것입니다. 그 전령은 정신생활, 영적 삶에 중요한 무언가를 당신의 의식에 알려 주고 싶어 합니다.

당신의 감정이 당신에게 얼마나 봉사하고자 하는지 감지하십시오! 당신의 모든 감정은 소중한 자산입니다! 이 점을 잊지 마십시오!

13세기 페르시아 문학의 신비파를 대표하는 시인인 루미Rumi는 인간의 감정을 다음의 시로 표현했습니다.

숙박소

인간의 마음은 숙박소라네.
날마다 새로운 손님들이 찾아드네.
기쁨, 슬픔
불안, 분노
그리고 가끔은 예기치 않은 손님도 오네.
이 손님은 눈으로도 알아볼 수 있네.
모든 방문객을 맞아들이고
이들에게 잠자리를 제공하라.
그들이 근심을 가득 안겨 주고
당신의 집을 가차 없이
들쑤셔 놓더라도.
모든 손님에게 경의를 표하라.
그들이 당신에게 새로운 기쁨을 줄지
누가 알랴!
어두운 생각, 부끄러움, 분노, 두려움
이 모든 것을 활짝 웃으면서 맞아들이고

다정하게 대하라.
당신 집에 온 모든 손님에게
감사하라.
건너편에 있는 스승보다는
그들이 당신에게 더 유익할 테니.

지나간 것과 앞으로 올 것

'지금, 여기'에 몰두하려면 과거에 대한 생각은 물론 미래에 대한 걱정과 두려움을 내려놓아야 합니다. '주목'이란 현재에 몰두하는 법을 연습한다는 뜻입니다. 우리가 현재에 집중할 때 삶의 기쁨을 실제로 누릴 수 있습니다. 온전히 현재에 머물 때, 오늘 하루가 정녕 '현재'가 됩니다.

과거에 대한 생각에 갇혀 있는 까닭은, 지나간 것에 불만을 품고 있기 때문입니다. 지난날을 돌아보면서 "그때 뭔가 다른 것을 했더라면, 다른 것을 가졌더라면." 하고 후회합니다. 그러면서 이를 자신이나 다른 사람들의 탓으로 돌립니다. 이미 지나간 것을 붙들고 내면에서 끝없이 싸움을 벌이는 것입니다. 이렇게 해묵은 상처를 붙들고 있거나 선택하지 않은 다른 가능성들에 집착한다면, 이것이 우리의 마음을 갉아먹을 수 있습니다.

원한을 품었거나 복수심을 간직하고 있다면, 아직도 지난 고통에 매달려 있는 것입니다. 여전히 자신을 희생양으로 여기기 때문에 마치 포로가 된 듯한 기분이 듭니다. 무언가 마음에 맺힌 것이 있을 때, 이것이 '지금, 여기'에 사는 것을 어렵게 만듭니다. 원한을 품고 있는 사람은 많은 것을 정리하지 못한 채 질질 끌고 갈 수밖에 없습니다.

뭔가 새로운 것을 얻기 위해서는 먼저 지나간 것, 해묵은 것을 과감히 내려놓아야 합니다. 더는 내게 속하지 않는 것, 장소만 차지하고 있는 것, 더 이상 유익하지 않은 것, 앞으로 나아가는 데 더는 필요 없는 것, 단지 무거운 짐에 불과한 것은 내려놓아야 합니다. 그런데 새로운 것이 들어설 공간을 마련하기 위해 내려놓을 것이 또 있습니다. 잘못된 기대, 잃어버린 희망, 깨진 관계가 그것입니다.

50대 초반의 한 여성은 20년 넘게 결혼 생활을 해 오다가 남편과 헤어졌습니다. 그녀는 자신의 이혼에 대해 이렇게 고백합니다. "남편이 제 곁을 떠났을 때, 마치 무언가에 크게 얻어맞은 듯했어요. 고통이 하도 커서 그 일을 받아들이기까지 오랜 시간이 걸렸지요. 모든 것을 내려놓은 지금에야 비로소 그 일이 저에게는 하나의 '도약판'이었다는 것을 깨달았습니다. 예전에는 늘 다른 사람들, 특히 남편과 아이들에게만 신경을 썼지, 정작 저 자신은 돌보지 않았습니다. 돌아보니 이혼이라는 가혹한 사건은 진정한 나를 찾을 수 있도록 저를 이끌어 주었습니다. 이젠 진심으로 감사한 마음이 들어요. 내려놓는 것이 저를 성장시킨다는 사실을 알게 되었습니다."

꽉 붙들고 있는 것이 자신을 얼마나 힘들게 하는지 안다면, 내려놓기가 한결 수월해질 것입니다. 오히려 더 큰 문제는 다른 데 있습니다. 내려놓는 것이 얼마나 필요한 일인지를 깨달았을 때는 그 시기가 너무 늦었다는 것입니다.

제대로 내려놓을 수 있다는 것은 바람직한 삶의 기술입니다. 내려놓는 것은 삶에 꼭 필요한 일입니다. 살아가면서 우리는 내려놓는 법을 연습하라는 요청을 받습니다. 내려놓을 때, '탯줄'을 과감히 자를 때 비로소 자신의 삶을 살 수 있습니다. 우리의 몸은 끊임없이 호흡과 분비 과정을 통해 생명을 유지하는 데 불필요한 것들을 내보냅니다. 몸이 그렇게 하지 않는다면, 이는 마치 자신에게 독을 뿌리는 것과 같을 것입니다. 마찬가지로 우리가 오래된 상처나 실망에 매달려 있다면, 이는 영혼에 독을 뿌리는 것과 같습니다.

당신이 과거와 화해하지 않는다면, 이것이 당신의 현재 삶을 무겁게 할 것입니다. 그 무거운 짐을 내려놓지 못하고 붙들고 있을 때 치러야 할 대가를 구체적으로 그려 보십시오. 그러면 당신에게 더 이상 이롭지 않은 그 해묵은 짐을 내려놓기가 한결 수월할 것입니다.

과거의 상처를 내려놓을 수 있는 한 가지 방법은 화해하는 것입니다. '화해'란 자신이 살아온 삶에 대해 "예."라고 말하는 것입니다. 당신의 인생 여정에 속하는 모든 것을 받아들이는 것입니다. '화해'란 "과거가 더 나았더라면." 하고 바라는 것이 아니라, 나를 옴짝달싹 못하게 묶어 놓은 '밧줄'을 푸는 것입니다. 자신과 화해하는 과정을 통해 해묵은 상처가 치유될 수 있습니다. 비록 흉터는 남더라도 말입니다. 자신과 화해하는 과정은 대부분 시간이 오래 걸립니다. 기분이 가벼워지는 것은 서서히 느끼게 됩니다. 그러나 화해의 과정은 당신에게 매우 유익하다는 것을 의식하십시오. 내려놓는 것은 마음의 평정을 얻기 위한 '좀 더mehr'입니다.

내려놓는 것은 하나의 적극적인 과정입니다. 이는 마음이 결정하는 것입니다. 내려놓는다는 것은 누군가를 혹은 무언가를 자신의 삶에서 내쫓는 것이 아니라, 감사하는 마음으로 지나가게 하는 것입니다. 과거와 진심으로 화해할 때 새로운 것이 들어설 공간이 생기고 자유를 맛볼 수 있습니다. 무언가를 내려놓겠다고 진심으로 결심할 때 자신과 화해할 수 있습니다. 화해의 성공 여부는 바로 이 결심에 달려 있습니다. 원하는 사람은 길을 찾고, 원하지 않는 사람은 원인을 찾습니다.

이와 관련하여 다음 연습을 해 보길 바랍니다.

연 습 . . 내 려 놓 기

의자 위에 편안히 앉으십시오. 양 손바닥을 위로 올리면서 접시 모양을 만드십시오. 그리고 양손에 주의를 기울이십시오. 손바닥 안에 어떤 해묵은 짐들을 모아야 할지 자신에게 물어보십시오. 그중 어떤 짐을 내려놓고 싶습니까? 과거의 짐을 내려놓을 준비가 되었다면, 이제 양 손바닥을 아래쪽으로 뒤집으십시오. 우주에서 잃을 것은 아무것도 없다는 사실을 의식하면서 자신을 내려놓으십시오. 아래쪽으로 향한 손을 가지고 당신이 내려놓은 짐을 축복하십시오. 그러면서 이렇게 말하십시오. "나는 사랑과 감사의 마음으로 너를 내려놓는다."

이제 양 손바닥으로 접시 모양을 새로 만드십시오. 손에 어떤 느낌이 듭니까? 어떤 자리가 마련되었습니까?

과거에 대한 집착만이 아니라 미래에 대한 걱정과 두려움도 우리에게서 활력을 빼앗아 갑니다. 미래에 대한 걱정과 두려움은 마치 내일 먹을 베이컨을 오늘 먹어 치우는 쥐와도 같습니다. 우리는 앞에 놓여 있는 일에 쉬지 않고 매진하는 것을 당연한 듯 여깁니다. 그렇게 하는 것은 생각으로 이미 미래의 일을 다루는 게 아니냐며 이의를 제기하는 사람들도 일부 있을 것입니다. 앞을 내다보며 계획하고 실행해야 한다고 여기기 때문입니다. 하지만 앞을 내다보며 실행하는 것과 미래에 대한 불필요한 걱정을 결정짓는 기준이 무엇일까요? 당신은 이미 자신에게 맞는 기준을 찾아냈습니까? 현재에 대해 바람직하게 염려할 때 미래에 대해서도 적절하게 염려할 수 있다고 존 카밧진은 말합니다.

많은 사람들이 미래에 대한 걱정과 두려움을 현실적인 것으로 여기고 있습니다. 그러면서 이를 삶의 일부인 양 간주합니다. 그러나 한 가지 걱정거리가 해결되면 곧이어 다음 걱정거리가 등장합니다. 걱정과 두려움에 대해 생각하면 할수록 더 많은 에너지를 쏟아붓게 됩니다. 그리고 그 걱정과 두려움은 점점 더 현실적인 것이 되어 버립니다. 이때 주목하는 법을 연습하면 스스로 걱정을 만들어 내는 것과 진심으로 염려하는 것을 구분할 수 있습니다. 물론 우리는 자신의 삶을 비롯해 자신에게 속한 사람들의 삶을 책임져야 하며, 그러기 위해 염려해야 합니다. 그러나 꼭 해야 할 일을 염려하는 것과 미래에 대한 걱정이나 두려움은 서로 전혀 다릅니다. 염려 앞에서는 "예!" 하시고 걱정 앞에서는 "아니요!"라고 하십시오.

미국의 명상 스승인 지루 케밸Jeru Kabbal은 미래에 대한 두려움을 용에 비유했습니다. 머지않아 거대한 용과 싸워야 한다고 누군가가 당신에게 말했다고 상상하십시오. 이제 당신은 그 거대한 용의 모습이 어떠한지, 얼마나 크고 위험한지 그려 봅니다. 자신을 무장하고 장비도 갖춥니다. 용이나 유명한 검투사에 관한 책을 읽어 보고, 용과 맞서 싸우는 법도 훈련합니다. 용과의 싸움을 앞두고 당신은 지금 잔뜩 긴장하며 지내고 있습니다.

이제 다른 상상을 해 보십시오. 용은 세상 어디에도 존재하지 않는다고 상상하십시오. 용을 실제로 본 적이 있습니까? 용은 순전히 상상의 동물이 아닌가요? 용은 상상 속에나 존재한다는 사실을 의식하십시오.

지루 케밸은 상상 속의 용을 '마음 프로젝트mind-project'라고 불렀습니다. '마음 프로젝트'란 머릿속에만 존재하는 그 무엇, 실제 세계에 없는 '환영'입니다. 예컨대 근심 가득한 생각이 그렇습니다. "만일 일자리를 잃는다면 나는 제대로 살 수 없을 거야."

이렇듯 우리는 미래에 대한 걱정과 두려움에 많은 에너지를 쏟아붓습니다. 그러면 이러한 걱정과 두려움이 머릿속에서 떠나지 않게 됩니다. 우리가 상상 속의 용에게 먹이를 주면 줄수록 용은 점점 더 커집니다.

일어나지도 않은 일을 지나치게 걱정하면서 용에게 먹이를 계속 줄 것인지는 당신에게 달렸습니다. 자신의 에너지를 '지금, 여기'에서 일어나는 일에 사용하면서 상상 속의 용을 굶주리게 할 것인지도 당신에게 달렸습니다. 최근 몇 년간 당신이 품어 온 상상 속의 용은 이제 공중으로 날아갔다는 사실을 의식하십시오.

미래에 대한 걱정과 두려움을 떨쳐 내기가 쉽지 않다면, 다음 연습이 도움을 줄 수 있습니다. 이 연습을 통해 미래에 대한 두려움을 새로운 눈으로 바라볼 수 있을 것입니다.

연습 . . 걱정과 두려움을 맞아들이기

당신이 미래에 대해 얼마나 걱정하고 두려워하는지 살펴보십시오. 이러한 걱정과 두려움을 당신이 맞서 싸워야 하는 용이 아니라 불안해하는 어린아이라고 상상하십시오. 어린아이는 인정받기를 원하고 사랑과 관심을 받고 싶어 합니다. 미래에 대한 걱정과 두려움을 받아들이고, 어린아이에게 하듯 이에 공감하며 맞아들인다고 상상하십시오. 그러면서 당신이 안고 있는 걱정과 두려움은 위력을 잃었다고 여기십시오. 당신 자신과 당신이 경험한 모든 것을 다정하고 열린 마음으로 맞아들였다고 상상하십시오.

미래에 대한 걱정을 내려놓기란 사실 쉽지 않은 일입니다. 경험상 미래에 대한 걱정은 고집을 부리며 우리 안에 틀어박힌 채 나가지 않을 수도 있습니다. 그래서 당신에게 다른 자극을 주고 싶습니다. 일본의 대표적인 현대 무술인 합기도에서 중요한 것은 자신의 에너지로 상대방의 에너지와 맞서 싸우는 게 아닙니다. 단순한 동작으로 상대방의 에너지를 딴 데로 돌리는 것이 관건입니다. 합기도 연습을 할 때마다 기민성이 얼마나 요구되는지 나는 매번 놀랍니다. 우리는 미래에 대한 두려움에 숨어 있는 에너지를 다른 궤도로 돌리면서 활용할 수 있습니다. 그러면 미래에 대한 걱정과 두려움에 갇히지 않고 '신뢰'에 주의를 돌리게 됩니다. 에너지는 우리가 주목하는 곳으로도 흘러들어 갑니다. 신뢰하는 법을 연습하는 것은 미래에 대한 걱정을 고치는 약과 같습니다. 당신은 항상 신뢰하는 능력을 지니고 있다는 것을 의식하십시오. 당신은 이미 수많은 상황에서 자신이 접한 모든 대상을 신뢰했으며 지금도 그렇다는 것을 눈앞에 생생하게 그리십시오. 당신이 타고 다니는 자동차를 신뢰하지 않고서는 운전할 수 없습니다. 신뢰심 없이는 비행기를 타고 여행할 수도 없습니다. 당신이 만나는 사람들을 신뢰하지 않으면 인간관계를 유지하기 어렵습니다. 당신은 자신의 몸과 자아를 신뢰하는 능력도 갖추고 있습니다. 그렇지 않다면 어떻게 살 수 있겠습니까?

주목을 위한 물음

당신의 신뢰도는 어느 정도라고 봅니까? 당신은 자신을 신뢰합니까? 앞으로도 자신을 잘 돌보리라고 여기나요? 모든 일이 제때에 잘 풀려서 당신에게 최상이 될것이라고 믿을 수 있습니까? 이런 생각이 힘들다면, 단순히 이렇게 상상해 보십시오. 당신이 신뢰 가득한 삶을 살 수 있다면 얼마나 좋을지 그려 보십시오. 당신이 미래에 대해 걱정할 필요가 없다는 듯 행동한다면 무슨 일이 일어날까요? 당신의 삶을 철석같이 신뢰한다면 기분이 어떨까요? 이때 무슨 느낌이 듭니까? 당신은 '신뢰'라는 연약한 식물이 당신 안에서 성장하기를 갈망합니까?

바람직한 삶

우리가 미래에 대해 알 수 있는 것은 한 가지뿐입니다. 우리는 언젠가 죽는다는 사실입니다. 당장 내일 죽음을 맞을지, 그렇지 않을지 알 수 없습니다. 죽음이 언제 찾아올지 안다면 현재의 삶에 더 충실할 수 있겠지요. 그저 살아지는 것이 아니라 적극적인 삶을 살 것입니다.

그런데 우리는 영원히 살 것처럼, 죽음을 맞닥뜨리지 않을 것처럼 처신할 때가 많습니다. 배후에는 커다란 두려움이 숨어 있습니다. 피할 수 없는 현실을 외면하고 진지하게 받아들이지 않으면 현실과 바람직하게 교류하기가 어렵습니다. 죽음은 우리의 삶을 억지로 마감시키기 위해 외부에서 다가오는 위력이 아닙니다. 오히려 죽음은 우리 안에서 자라는 열매와 같습니다. 열매가 익으면 수확할 때가 오는 법입니다.

실제 세계는 유한하고 덧없다는 것을 깊이 의식할 때, 우리의 삶이 소중하고 현재의 순간이 값지다는 것을 더 잘 깨닫게 됩니다. 인간은 유한한 존재임을 알 때 하루하루가, 순간순간이 값지고 소중한 선물임을 깨닫게 됩니다. 언젠가 죽음이 찾아온다는 것을 알 때, 실제의 삶을 더 깊이 느끼고 존중하며 더욱 적극적이고 깨어 있는 자세로 꾸려 갈 수 있습니다. 언젠가 내가 죽는다는 것을 알 때, 살면서 '잡동사니'를 바라볼 때가 많던 시야가 확대될 수 있습니다.

삶의 끝자락에 이르러 남는 것은 오직 하나뿐입니다. 자신이 내적으로 깊이 체험하고 느낀 것만 남습니다. 내가 사랑으로 행하고 의식적으로 체험한 것이 가치 있는 일로 남으면서 마음에 고이 간직됩니다.

미국의 심리학자 리처드 칼슨Richard Carlson은 젊은 나이에 심장마비로 갑자기 세상을 떠났습니다. 아내와 어린 두 자녀를 두고 눈을 감았는데, 죽기 전에 아내에게 이런 글을 남겼습니다.

당신이 자는 모습을 본 것이 마지막이란 걸 알았더라면
이불을 더 잘 덮어 주고

하느님께 당신의 영혼을 지켜 달라고 기도했을 텐데.
당신이 문을 열고 나가는 모습을 본 것이 마지막이란 걸 알았더라면
당신을 꼭 안고 진심으로 입을 맞추었을 텐데.
내가 당신을 본 것이 마지막이란 걸 알았더라면
그 순간에 주목하며 "사랑해."라고 말했을 텐데.
말을 안 해도 내가 당신을 사랑한다는 것을 알 거라며
핑계를 대지 않았을 텐데.

주목을 위한 물음

- "…이 마지막이란 걸 알았더라면 …했을 텐데."라는 문장을 당신이라면 어떻게 완성하겠습니까?
- 지금 이 순간, 당신에게 어떤 변화가 일어나고 있습니까?
- 당신이 구체적으로 생각하는 사람이나 상황이 있습니까?
- 지금 당신은 앞의 문장으로 어떤 요청을 받았습니까?
- 오늘이 당신의 마지막 날이라고 상상해 보십시오. 무엇이 떠오르나요? 어떤 자극을 감지합니까?

인간의 삶이 유한하다는 사실을 구체적으로 생각해 볼 때, 이런 근본적인 물음을 던지게 됩니다. "삶에서 중요한 것이 과연 무엇일까?" 가장 큰 관건은 우리에게 무엇이 중요한지 아는 것입니다. 이와 관련하여 지혜에 관한 이야기를 소개하겠습니다.

이야기 .. 큰 그릇

어느 날, 한 노교수가 시간을 의미 있게 보내는 방법에 관해 강의할 수 있기를 바라면서 기도했다.

교수는 강의를 시작하면서 학생들에게 이렇게 말했다. "이제 우리는 작은 실험을 할 것이네." 그는 큼지막한 그릇을 책상 위에 놓고 그 안에 큰 돌 열두 개를 넣었다. 그릇이 돌로 가득 차자, 교수는 학생들에게 물었다. "그릇이 가득 찼는가?" 그러자 모두 대답했다. "예."

교수는 짧게 질문했다. "정말인가?" 그러더니 작은 돌이 담긴 자루를 가져와 큰 돌 사이사이에 작은 돌들을 쏟아 넣고는 그릇을 가볍게 흔들었다. 그런 다음 학생들에게 물었다. "그릇이 가득 찼는가?" 이번에 학생들은 신중한 태도를 보였다. 한 학생이 조심스럽게 대답했다. "그렇지 않은 것 같은데요."

교수는 모래로 큰 돌들 사이를 채웠다. 그리고 다시 물었다. "이제 그릇이 가득 찼는가?" 학생들은 바로 대답했다. "예." 교수는 좋다고 말한 다음, 물이 담긴 큰 주전자를 가져와 돌이 담긴 그릇에 물을 가득 채웠다. 교수는 다시 학생들에게 물었다. "이 실험을 통해 여러분이 배운 점은 무엇인가?"

한 학생이 대답했다. "시간 계획을 빽빽하게 세웠다 하더라도 다른 계획을 추가할 수 있다는 것을 배웠습니다."

"아닐세. 중요한 건 그게 아니네." 교수는 말을 이었다. "우리가 이 실험을 통해 배울 수 있는 점은 바로 이것이네. 큰 돌들을 가장 먼저 그

롯에 넣지 않았더라면, 모든 것은 나중에 제대로 들어맞지 않았을 걸세." 학생들은 아무 말이 없었다.

그러자 교수가 물었다. "여러분의 삶에서 큰 돌은 무엇인가? 건강, 가족, 친구인가? 아니면 꿈을 실현하는 일인가? 자신이 원하는 것을 이룬다면 기쁨을 누릴 것 같은가? 여러분은 무엇을 배우고 있는가? 새로운 일이 생기면 긴장하는가? 그 일을 하기 위해 시간을 투자하는가? 아니면 전혀 다른 것을 시도하는가? 그러나 정작 중요한 것은 자신의 삶에서 큰 돌들을 첫자리에 놓는 것이라네. 모래에 가장 먼저 주목하는 사람이라면, 그의 삶은 사소한 일들로 채워지고 중요한 일에는 충분한 시간을 내지 못할 것이네. 그러니 자신에게 늘 다음과 같이 물어야 하네. '내 삶에서 큰 돌들은 무엇일까?' 바로 그것이 여러분의 삶에서 가장 먼저 놓일 걸세."

주목을 위한 물음

- 당신의 삶에서 '큰 돌들'은 무엇입니까?
- 최근에 당신에게 중대한 관심사들에 대해 생각할 여지를 얼마나 두었나요? 그 일들을 고려해 볼 시간이 충분했습니까?
- 그렇지 않다면, 다른 것을 잠시 미루고 자신에게 정말로 중요한 일을 생각할 시간을 더 많이 내겠습니까?
- 어떻게 해야 당신이 큰 관심을 기울이는 일과 당신의 삶을 통합할 수 있을까요?

원한다면, 지금 당신이 중요하게 여기는 관심사에 더 많은 시간을 내겠다고 결심하십시오.

나의 갈망 감지하기

당신이 간절히 바라는 것을 얻으려면 먼저 당신 자신이 달라져야 한다.
− 안겔루스 질레지우스 Angelus Silesius

우리가 갈망하는 것, 바로 이것이 우리에게 내면의 잠재된 능력과 교류할 마음을 일으킵니다. 갈망은 삶에서 아직 부족한 것이 무엇인지 알도록 길을 제시해 줍니다.

신약 성경에는 '찾는 것'과 관련된 비유가 여럿 등장합니다. 어떤 부인은 잃어버린 은전 한 닢을 찾기 위해 집 안을 샅샅이 뒤지고, 양치기는 잃어버린 양 한 마리를 찾아 나서며, 아버지가 잃었다고 여긴 아들은 되돌아옵니다. 이 모든 비유는 '하느님 나라'를 상징합니다. 비유에서 강조하는 것은 '완전함'을 위해 지금 부족한 것을 찾고 갈망하는 일입니다. 여기서 '완전함'이란 '구원'의 또 다른 표현입니다. 이 비유들이 나에게는 영혼의 이미지로 다가옵니다. 우리의 영혼 역시 부족한 것을 찾고 통합하기를 갈망합니다. '통합'은 완벽해지려는 욕구와는 다른 것입니다. 영혼에 중요한 것은 완벽한 것이 아니라, 모든 것이 우리 안에서 제자리를 찾는 것입니다. 우리는 흠 없고 구원되기를 갈망합니다.

중년기에 이른 많은 사람들이 고통스럽게 확인하는 사실이 있습니다. 그동안 쉴 새 없이 일하고 무언가 이루느라 취미나 놀이, 가벼운 일을 등한시했다는 것입니다. 그들은 성취에 대한 압박과 사생활에서 요청되는 것들에 내밀린 채 살아왔지만, 이제는 삶의 질이 향상되기를 바랍니다. 그들은 예전에 중요하게 여겼던 것들이 지금은 낯설어졌다고 말합니다. "제게도 꿈이 있었다는 사실이 낯설게 느껴집니다. 진정한 나 자신은 어디에 있는 걸까요?" 저를 만나는 환자들도 늘 이와 비슷한 말을 합니다. 중년기에 이르러 완전히 탈진한 채 병원에 온 사람들이지요. 그러므로 중년기에 접어들면 새로운 관계가 필요합니다. 나 자신과 새로운 관계를 맺어야 합니다.

나는 꿈, 비전, 갈망에 충실했는가? 이러한 물음은 병에 걸렸거나 위기를 맞았을 때뿐만 아니라 좋은 시절에도 던져야 합니다. 나는 내 꿈에 걸맞게 살고 있는가? 내 꿈은 물거품이 되고 말았나?

나는 의사로서 몇 해 전부터 죽음의 단계에 이른 환자들도 돌보고 있습니다. 70대 초반의 노인과 함께했던 일이 지금도 선명하게 떠오릅니다. 그 노인은 이 세상에서 보내는 마지막 단계를 내적 평정을 유지한 채 의연하게 받아들였습니다. 그 모습에 나는 크게 감동했습니다. 이러한 내적 평화가 어떻게 가능한지 알고 싶었습니다. 내 질문에 노인은 흔쾌히 설명해 주었습니다. 그는 가난한 부모 밑에서 자랐지만, 어린 시절부터 전 세계를 여행하겠다는 꿈을 품었습니다. 커서 요리사가 되었고, 나중에는 초호화 유람선의 요리사로 일했습니다. 그리하여 여러 나라를 다니며 다양한 사람들과 문화를 접함으로써 어릴 적 꿈을 이루게 되었습니다. 임종을 맞게 되자, 그는 얼굴에 미소를 지으며 이렇게 말했습니다. "저는 제 꿈을 따라 살았고, 어렸을 때부터 알고 싶었던 나라들을 눈으로 직접 보았습니다. 그래서 정말 기쁘고 행복했습니다."

우리의 꿈은 대부분 자신의 특별한 재능과 밀접한 연관성이 있습니다. 살아가면서 이 재능을 발견하고 펼침으로써 열매를 맺는 일이 중요합니다. 그리고 이 선물을 세상에 물려주어야 합니다. 이런 방식으로 세상이 풍요로워집니다. 그러면서 우리는 기쁨을 맛보고 자신이 세상과 깊이 연결되어 있다는 것을 느낍니다.

고대 그리스에는 이러한 세계관이 있었습니다. 인간은 태어날 때 하나의 별과 함께 이 세상에 온다는 것입니다. 인간은 누구나 자신의 별을 환히 밝히고 자신을 펼치며 잠재된 능력을 개발하고 싶어 합니다. 각자의 재능에 따라 자신의 별을 환히 밝힐 때 비로소 충만함을 누릴 수 있습니다.

주 목 을   위 한   물 음

- 당신이 어린 시절에 품은 꿈은 무엇입니까?
- 지금도 당신의 심장을 두근거리게 하는 꿈이 있습니까?

- 당신에게는 어떤 특별한 재능이 있습니까?
- 당신에게 특별한 관심사는 무엇입니까?
- 당신의 '별'은 무엇인가요?
- 당신은 무언가를 위해 전력을 기울일 수 있습니까?
- 자신이 갈망하는 것을 놓고 다른 사람들과 이야기해 본 적이 있습니까?

당신이 꿈에 관해 말할 수 있는 사람들을 찾아보라고 권하고 싶습니다. 친구나 배우자, 애인을 비롯하여 실제로 그럴 만한 사람들이 있다면 바로 실행하십시오. 자신의 꿈을 말할 때, 이를 이루고 싶은 마음도 생깁니다. 내가 확신하는 점이 있습니다. 인간은 특히 서로 생각하면서 용기를 북돋워 준다는 것입니다. 당신의 꿈을 가까운 사람과 이야기하십시오. 상대방에게 마음을 활짝 열고 자신의 관심사를 솔직하게 말하십시오. 그리고 주의 깊게 경청하십시오. 그런 가운데 인간관계가 깊어진다는 사실을 깨닫게 될 것입니다.

3장
관계에 주목하라

현명한 대인 관계

바람직하고 지속적인 관계를 유지하려면 현명하게 거리를 두는 자세가 필요합니다. 많은 사람들이 마음으로 더 가까워지거나 신체적 접촉을 통해 친밀해지기를 바랍니다. 그러나 상대방으로 인해 상처를 받거나 자신의 한계를 재확인하게 되는 경우가 적지 않습니다. 또다시 상처 받을까 봐 가까운 관계를 맺지 않으며 뒤로 물러서기도 하지요. 인간관계를 '담벼락'처럼 여기는 사람들도 일부 있습니다. 다른 사람들이 공격하거나 상처를 주지 않도록 자신을 보호하기 위해 주변에 담을 쌓는 것입니다. 그러나 이렇게 하면 더욱 외로워질 뿐입니다. 이 세상에 혼자 있다고 생각하거나 다른 사람들에게서 지지를 받지 못한다고 여기게 됩니다. 소속감 같은 기본적이고 중요한 욕구는 해소되지 못한 채 남아 있습니다. 그 결과, 흔히 대체할 만한 것을 찾게 됩니다. 그러나 이는 탐욕을 부를 뿐, 본래의 정서적 허기는 달래지 못합니다.

다른 사람들에게 건강하게 다가가기 위해서는 자신의 한계뿐만 아니라 다른 사람들의 한계와도 잘 교류해야 합니다. 먼저 자신의 한계를 인정하고 받아들여야 인간관계도 잘 구축할 수 있습니다. 한계가 나와 다른 사람들을 이어 줍니다. 인간관계는 만남을 통해야 가능한 것입니다.

자신의 한계와 잘 교류하는 법을 연습하십시오. 이를 진심으로 받아들인다면 "예."라고 말하십시오. 혹시 받아들이지 않는다면 "아니요."라고 말하십시오. 당신이 너무 빨리 "예."라고 말하는 경향이 있다면, 수락하기 전에 자신에게 물음을 던지며 생각할 시간을 갖길 바랍니다. 이때 몸의 반응에 주목하십시오. 숨을 고르며 자신에게 던지는 물음에 집중할 때, 현재의 상황을 잘 인식하며 명확한 답을 내릴 수 있습니다.

한계에 주목한다는 것은 자기 자신과 자신의 욕구를 잘 배려한다는 뜻입니다. 동시에 다른 사람들의 한계와 욕구를 존중한다는 의미이기도 합니다. 아이들은 교육을 통해 신뢰하고 한계를 받아들이는 법을 배웁니다. 그러면서 미지의 영역에 들어서게 되고 바람직한 방향으로 발전할 수 있습니다. 한계를 직시하고 이를 받아들이는 사람은 다른 사람들에게 안정감을 선사합니다. 이는 우리가 그런 사람들과 가까이 있을 때 마음이 편안해지는 것으로 느낄 수 있습니다. 그런 사람들에게 가까이 가도록 애쓰십시오.

현명한 대인 관계를 맺기 위해 한 가지 비유를 들어 말하겠습니다. 당신이 큰 정원이 딸린 멋진 주택의 주인이라고 상상하십시오. 누군가 당신의 집 앞에서 벨을 누릅니다. 당신은 이 방문객을 정원에 들일지 결정해야 합니다. 현관 앞에서는 손님을 응접실로 안내할 것인지 결정합니다. 손님이 집 안에 들어왔다면, 이제 어떤 방들을 더 보여줄 것인지 결정해야 합니다. 당신은 집주인으로서 손님을 어디에서 맞아들일지, 얼마나 오랫동안 대접할지 결정합니다. 나중에 다른 방문객이 오더라도 다시 결정해야 합니다. 지난번에 온 손님은 식사 대접을 하느라 몹시 신경이 쓰였지만, 이번에 찾아온 방문객에게는 그럴 마음이 생기지 않을 수도 있습니다. 당신은 집주인으로서 누구와 함께, 언제, 얼마나 오랜 시간을 보낼지 매번 결정해야 합니다. 당신이 주인의식을 가지고 '삶의 집'을 구체적으로 설계할 수 있도록 용기를 내길 바랍니다.

'집주인'이란 자신의 힘을 어떻게 사용할지 안다는 것, 자신의 힘에 주의를 기울인다는 뜻이기도 합니다. 인간은 제한된 가능성과 자원을 지닌 유한한 존재입니다. 동시에 우리는 살아가면서 자신이 행한 모든 것에 힘과 에너지를 사용해야 합니다. 우리의 힘과 가능성이 제한되어 있다는 것은 모두 다 아는 사실입니다. 그런데 '한계'라는 주제가 일방적이고 부정적으로 해석되는 경우도 종종 있습니다. 그렇지만 한계는 삶에 꼭 필요한 요소입니다. 자신의 신체적·정신적 한계를 존중하지 않으면 과도하게 떠맡게 되고 자신에게 무리한 요구를 하게 됩니다. 급기야 병이 날 지경까지 이릅니다.

자신의 신체적·정신적 한계와 잘 교류하려면 먼저 자신의 한계를 알아야 합니다. 그런데 많은 사람들이 이를 당연하게 여기지 않습니다. 자신의 한계를 받아들일 수 없거나 인지하지 못하기 때문입니다. 이런 사람들은 자신의 한계를 무시한 뒤에야 비로소 깨닫게 됩니다. 그런가 하면 두렵거나 편안할 때는 자신의 한계를 전혀 의식하지 못하다가 어떤 일을 하기 전에 이를 의식하는 사람들이 있습니다. 이런 사람들은 자신의 잠재력을 펼치기 어렵습니다. 당신이 어느 방향으로 기우는지 스스로에게 물어보십시오. "나는 한계를 넘어서는 유형인가, 아니면 한계를 피하는 유형인가?" 어떤 상황에 처했을 때 당신의 성향이 주로 나타납니까? 자신이 너무 일찍 혹은 뒤늦게 한계를 의식한다는 것을 무엇으로 압니까? 당신이 어떤 한계를 또렷이 의식한다면 어떤 기분이 들까요?

자신의 한계에 주목할 때 일과 휴식 간에 올바른 균형을 이룰 수 있습니다. 예컨대 오늘날 우리는 늘 손에 들고 있는 휴대 전화를 과감히 꺼 둘 필요가 있습니다. 그렇게 함으로써 자신이 늘 얻으려는 것, 자기 마음대로 하려는 것에 선을 그을 수 있습니다.

자신의 한계를 아는 것, 과감하게 선을 긋는 것 외에도 우리에게는 다른 사람들과 관계를 맺고 가까워지고 싶은 욕구가 있습니다.

인간에게는 중요한 경험이 있습니다. 특정한 사람과 마음으로 가까워지고 신체적으로 친밀한 관계를 유지하며, 자신이 다른 사람들과 긴밀히 연결되어 있음을 느끼고 싶어 하는 것입니다. 다른 사람들과 좋은 관계를 유지할 때 더욱 생기가 넘치고 마음이 편안해질 것입니다. 우리는 스스로 배우자나 연인, 자녀, 친구들과 가깝다고 느낍니다. 관계란 서로 돌보고 배려하며 마음이 끌리는 가운데 유지되는 것입니다. 속에 있는 말을 진심으로 전하고 활짝 열린 마음으로 만날 때 상호 관계가 형성됩니다. 그러면서 서로 공감하며 마음과 마음이 연결되어 있음을 느낍니다. 한 사람이 다른 사람에게 속마음을 고백할 때, 자신의 진정한 욕구가 무엇인지, 자신의 감정이 어떤지, 자신의 갈망이 무엇인지 털어놓을 때 치유와 같은 그 무엇이 일어납니다.

미국의 가족치료사인 버지니아 새터Virginia Satir는 이러한 바람직한 관계를 다음과 같이 표현했습니다. "내가 누군가로부터 받을 수 있는 가장 큰 선물은, 그 사람이 나를 바라보고 내 말에 귀를 기울이며 나를 이해하고 감동시키는 것이라고 생각한다. 내가 다른 사람에게 줄 수 있는 가장 큰 선물은, 그 사람을 바라보고 그의 말에 귀를 기울이며 그를 이해하고 감동시키는 것이다. 그럴 때 우리가 진심으로 만났다는 느낌이 들 것이다."

한편, 서양 의학의 창시자인 파라셀수스Paracelsus는 이렇게 말하기도 했습니다. "인간의 의사는 인간이며, 약제의 근간이 되는 것은 사랑이다."

우리는 상대방이 보여 주는 행동이나 말을 통해 크게 감동받습니다. 이 감동을 신체적 접촉을 통해 외적으로 표현하는 것도 매우 기분 좋은 일입니다. 내적 체험을 바깥으로 표현하는 것은 바람직합니다. 내면에서처럼 외부로도 표현해야 합니다. 이러한 긴밀한 관계를 적절히 표현할 때, 이것이 두 사람의 연결 고리를 더욱 단단하게 하고 서로 더 많은 관심을 기울이게 할 수 있습니다.

당신이 상대방과 깊이 연결되어 있다는 것을 신체적 접촉으로 표현하는 데 다음 연습이 도움이 될 것입니다.

연 습 .. 신 체 적 접 촉

상대방과 연결되어 있다는 것을 신체적 접촉을 통해 보여 주고 싶다면, 먼저 상대방에게 동의를 구하십시오.

우선, 숨을 고르고 상대방을 부드러운 눈길로 바라보십시오. 그런 가운데 두 사람이 함께 있다는 사실을 더욱 분명히 인지할 수 있습니다. 팔을 벌리고 당신의 왼쪽 가슴과 상대방의 왼쪽 가슴이 맞닿도록 안으십시오. 이는 두 사람이 마음과 마음으로 연결되어 있다는 것을 표현하는 동작입니다.

이때 각자 바닥에 발을 딛고 똑바로 서 있다는 사실에 주목하십시오. 서로 안고 있는 상태에서 잠시 숨소리를 느껴 보십시오.

그러면서 당신이 거기에 있다는 것, 상대방이 거기에 있다는 것, 둘이 결속되었다는 것을 인지하십시오.

포옹을 풀면서 상대방에게 진심으로 감사하십시오. 예를 들어 상대방을 다정하게 바라보거나, 미소를 짓거나, 허리 굽혀 인사하는 것으로 표현할 수 있습니다. 그러면서 서로 존중하는 마음이 더 깊어질 것입니다.

이런 방식으로 서로 포옹할 때, 마음과 마음이 연결되어 있음을 감지하게 됩니다. 우리는 비록 공간적으로는 떨어져 있더라도, 서로 깊이 연결되어 있다는 것을 경험합니다. 이는 우리가 서로 기쁨과 행복을 선사하고 화해하고 존중하는 데 도움이 됩니다.

신체적 접촉을 통해 우리는 상대방이 값지고 소중한 존재임을 표현합니다. 두 사람 사이에 불화가 번졌다면, 이는 화해와 함께 다음과 같은 의미를 지닐 수 있습니다. "우리 둘 사이에 이런 일이 일어나다니 유감이오. 이제 다시 새롭게 시작합시다."

부부가 매일 포옹하는 것은 깊이 연결되어 있다는 뜻입니다. 당신이 기혼자라면, 매일 이렇게 해 보기를 권합니다. 그리고 더 바람직한 관계를 유지할 수 있는 방법을 모색하십시오.

배우자와의 관계에 주목하라

남녀가 만나 사귀기 시작하면 특별한 관계가 맺어집니다. 연인 사이라는 특별한 관계가 형성되면서 마음의 문이 활짝 열립니다(마법의 순간). '사랑의 강'이 거침없이 흘러가고 서로 주고받는 관계가 이어집니다. 알다시피 이 시기에는 놀랍게도 상대방에게 마음의 문을 활짝 열고 푹 빠져듭니다. 그러다 사랑이 점차 시들해지고, 결혼하면 사정은 더욱 달라집니다.

세월이 흐르면서 부부는 상처를 주고받거나 실망하는 일이 늘어만 갑니다. 관계가 조금씩 삐걱거리기 시작하면서 마음의 문이 잘 열리지 않습니다. 이럴 때 부부가 가장 먼저 할 일은, 오래된 상처와 실망을 내려놓는 방법을 찾아내는 것입니다. 그래야 다시 서로에게 마음을 열 발판이 생길 수 있습니다. 그러려면 서로 화해하는 것이 지름길입니다. 두 사람의 관계가 지속되려면 서로 마음을 열고 화해해야 합니다.

'사랑의 강'이 다시 흘러갈 수 있으려면 '지금, 여기'에 주목하는 자세도 필요합니다. 자기 자신과 상대방에게 주목하는 것이 닫힌 마음의 문을 다시 열 수 있는 열쇠입니다. 주목은 큰 문을 열 수 있는 작은 열쇠와도 같습니다. 흔히 사소한 일들이 차이를 만듭니다. 질문하는 목소리의 억양, 다른 것에 대한 관심, 평가하는 태도 등이 그렇습니다. 주목하느냐 주목하지 않느냐, 바로 이것이 차이를 유발하는 결정적인 요인입니다.

주목을 위한 물음

- 결혼 생활에서 무엇이 마음의 문을 거듭 닫게 만드나요? 특정한 말이나 태도인가요? 아니면 특정한 상황이 그런가요?
- 마음의 문이 닫혔다는 것을 당신은 무엇으로 알아차립니까?
- 닫힌 마음의 문은 어떤 역할을 합니까?
- 닫힌 마음의 문은 무엇을 지키려 하나요?
- 마음의 문을 여는 열쇠는 무엇이라고 생각합니까?
- 마음의 문을 다시 여는 데 배우자의 특정한 말이나 행동이 도움을 주나요?

배우자가 마음의 준비를 마쳤다면, 앞의 물음들을 배우자에게도 던질 수 있습니다. 배우자가 마음을 열 수 있도록 당신이 애쓴다는 것을 보여 주십시오.

다음 연습은 부부에게 서로 필요한 것이 무엇인지 아는 데 도움을 줄 것입니다. 두 사람이 서로 다시 신뢰하며 마음의 문을 더 쉽게 열도록 이 연습이 도움을 줄 수 있습니다.

연습 .. 마음의 문 열기

배우자에게 작은 연습을 하자고 제안하십시오. 한 사람은 주먹을 꽉 쥐고, 다른 한 사람은 그 주먹을 펴는 연습입니다. 어떻게 해야 잘할 수 있을까요? 주의를 기울이며 이 연습을 하십시오. 당신이 주먹을 쥐었다면, 배우자는 당신의 주먹을 펴기 위해 무엇이 필요할까요? 당신의 관심을 보이며 배우자의 신뢰를 얻도록 애쓰십시오. 5분 뒤에 역할을 바꾸어 연습하십시오. 이어서 주먹을 펴려면 어떻게 하는 것이 좋은지 서로 의견을 교환하십시오. 어려운 점은 무엇이었나요? 당신은 주먹을 계속 쥘 수 있었습니까? 배우자의 주먹을 펼 수 있었습니까? 이 연습을 통해 깨달은 점이 있습니까? 어떻게 해야 서로 마음의 문을 활짝 열 수 있을까요?

부부가 서로 주목하는 것이 관계의 토대입니다. 두 사람이 관계를 지속하는 것은 서로 얼마나 주의를 기울이고 존중하느냐에 달렸습니다.

이것이 결정적 요인입니다. 우리는 배우자가 자신에게 관심과 주의를 기울여 주기를 바랍니다. 그러나 당신은 배우자의 소유물이 아닙니다. 배우자도 당신의 소유물이 아니지요. 그러니 서로 상대방을 마치 일용품인 양 대하지 마십시오.

부부가 관계에 주목한다는 것은 두 가지 의미를 담고 있습니다. 자기 자신에게 주목하고, 배우자에게 주목하는 것입니다. 자기 자신에게 주의를 기울일 때, 배우자에게도 주목하며 만날 수 있습니다. 당신이 자신에게 무언가를 허용할 때, 배우자도 관대하게 대할 수 있습니다. 배우자를 대하는 태도는 자기 자신과의 관계를 비추는 거울이기도 합니다. 누구나 배우자에게서 사랑받기를 원합니다. 그리고 이렇게 생각합니다. '그 혹은 그녀가 …했더라면, 나는 훨씬 잘되었을 텐데.' 그러나 이는 자기 자신에게 던지는 물음이기도 합니다. 내가 나 자신과 얼마나 애정 깊게 교류하는지, 아니면 얼마나 사랑 없이 교류하는지를 묻는 것입니다.

우리는 불쾌함에 대한 책임을 배우자 탓으로 돌리는 경향이 많습니다. 그렇기 때문에 이른바 '비난 게임Blame game'이 시작됩니다. 배우자에게 책임을 돌리면서 그 혹은 그녀가 옳지 않다고 말합니다. "별 것 아닌 일에 그렇게 흥분하지 말아요." "당신은 좀 더 꼼꼼해야 해." 우리는 배우자가 달라져야만 그 혹은 그녀를 이해할 수 있다고 여깁니다. 상대방이 먼저 달라져야 한다는 것입니다. 나 자신이나 나의 관점이 달라지기보다는 배우자의 그것이 달라지는 것을 당연하게 생각합니다. 그래서 우리는 배우자에게 간접적으로 이렇게 말합니다. "나는 당신보다 더 나은 사람이야." 어릴 적부터 우리는 이렇게 득실得失을 따지는 '놀이'에 익숙해져 있습니다. 한 사람은 얻고, 다른 한 사람은 잃습니다. '이보게, 화내지 말게'●와 같은 놀이도 있지 않습니까! "한 사람은 옳고, 다른 한 사람은 옳지 않다." 혹은 "더 나은 사람이 이긴다." 따위의 법칙에 따라 부부 관계가 유지된다면, 결국 두 사람은 서로를 잃고 맙니다. 관계가 끊어지기 때문입니다. 누가 이기고 누가 지느냐는 중요하지 않습니다. 중요한 것은 두 사람의 관계가 끊어졌다는 사실입니다. 부부가 관계에 주목할 때, 언제 '비난 게임'이 시작되는지 알 수 있습니다. 그리고 둘 다 이 놀이의 일부임을 알아차릴 수 있습니다. 이 놀이는 두 사람이 함께하는 것입니다. 그렇지 않으면 '비난 게임'을 할 수 없습니다.

  결국 두 사람이 다 잃을 뿐인 이 놀이를 그만두려면 주목하는 자세가 필요합니다. 주목한다는 것은 방금 일어난 일에 대해 내적 거리를 두고 외부에서 그 '놀이'를 관망하는 것입니다. 그러면서 '비난 게임'이 두 사람에게 모두 악영향을 미친다는 사실을 깨닫게 됩니다. 이는 상대방에게 상처를 남기고 분노와 실망 같은 부정적인 감정을 유발합니다. 공격이나 변명 같은 작전을 거둬야 비로소 상처 받은 마음을 보여 줄 여지가 생깁니다. 그러기 위해서는 서로 주의를 기울이는 자세

● Mensch ärgere dich nicht. 두 명에서 여섯 명이 함께 두는 독일 장기. - 옮긴이 주

가 필요합니다. 자기 자신은 물론 상대방을 진심으로 이해하려는 마음도 요청됩니다. 이렇듯 주목은 두 사람의 사랑을 새롭게 하는 밑거름이 됩니다.

함께 산 지 오래된 부부라면 서로에 대해 고정된 시각을 지니고 있는 경우가 적지 않습니다. 이들은 대개 자신의 행복에 대한 책임이 배우자에게 있으며 상대방을 속속들이 다 안다고 굳게 믿고 있습니다. 속으로 배우자를 이렇게 낙인찍으면서 말이지요. '저 남자는 지독한 이기주의자야.' '저 여자는 매사에 까다롭고 투덜거리기만 해.' 섣부른 판단으로 배우자를 이런 틀 속에 가두고는 밖으로 나오지 못하게 합니다. 만일 당신이 그런 사람이라면, 행복에 대한 책임을 배우자에게 전가하는 생각을 버리고 그 사람을 새롭게 바라보도록 애쓰십시오. 배우자를 부드러운 눈길로 응시하십시오. 어떻게 해야 그 사람에게서 다른 그 무엇, 새로운 것을 찾아낼 수 있을까요?

당신은 옳은 사람이 되고 싶은지, 혹은 행복한 사람이 되고 싶은지 결정하십시오. 당신의 욕구와 만족에 대한 책임을 더는 배우자에게 떠넘기지 마십시오. 자신의 욕구와 감정을 비롯한 자기 자신에 대한 책임은 당신 스스로 지십시오. 자신의 건강과 행복에 대한 책임도 당신에게 달려 있습니다. 이는 당신이 성인이라는 것, 성인으로서 자신의 욕구와 행복을 이룰 책임이 있음을 알고 있다는 뜻입니다. 당신은 배우자를 지지할 수는 있으나, 배우자에게 책임을 전가해서는 안 됩니다. 자기 책임은 본인이 져야 합니다.

배우자와의 관계를 커플 댄스라고 상상해 보십시오. 함께 춤을 추려면 두 사람이 스텝을 맞추며 움직여야 합니다. 이때 체중은 한쪽 다리에만 싣습니다. 부부 사이에도 이와 같이 서로 전혀 다른 면을 받아들이는 변화가 필요합니다. 그러려면 얼마나 큰 긴장이 일어나는지, 얼마나 많은 에너지가 필요한지 우리는 잘 알고 있습니다. 둘이 함께 춤을 추며 즐길 수 있으려면, 이렇듯 서로 정반대되는 면을 받아들여야 합니다. 다양한 멜로디가 무대 위에 흐릅니다. 이는 두 사람이 스텝을 맞추며 춤을 추는 데 필요한 요건, 즉 서로 헌신하기 위한 준비입니다. 함께 춤을 추려면 자신의 스텝에 주목하고 상대방의 동작에도 주의를 기울여야 합니다. 두 사람이 함께 걸어가는 것은 늘 쉽지 않다고 옛사람들도 말했습니다. 그러므로 각자 다른 음악을 들으면서도 둘이 함께 춤출 수 있다는 것은 참으로 놀라운 일입니다.

아이는 하느님의 선물이다

사람들은 나이에 상관없이 언제나 환영받고 싶어 합니다. 우리는 사람들에게 받아들여지기를 원하고, 자신이 사랑스러운 존재임을 확인하고 싶어 합니다. 사람들이 나를 있는 그대로 이해해 줄 때 기쁨과 행복을 맛봅니다. 반대로 내가 환영받지 못한다는 느낌이 들면 스트레스가 생기고 긴장이 유발됩니다. 뇌 연구가들이 내놓은 결과에 의하면, 그 같은 상황에서는 자기 자신과 자신의 잠재력을 펼칠 수 없는 것으로 나타났습니다. 불안, 두려움, 긴장은 우리가 열린 마음과 열린 감각으로 세상을 향하지 못하도록 방해합니다. 나아가 새로운 것을 배울 수 없게 만들고, 자연스럽게 성장하지 못하도록 우리를 가로막습니다. 따라서 건강하게 성장하기 위해서는 자신이 있는 그대로 사랑스러운 존재임을 알아야 합니다. 이는 어릴 적부터 필요한 생각입니다.

우리가 있는 그대로 얼마나 사랑스러운 존재인지 다음 사례가 구체적으로 보여 줄 것입니다.

언젠가 나는 커피숍에 앉아 지인을 기다리고 있었습니다. 그때 몹시 기운이 없어 보이는 할머니가 커피숍 안으로 들어왔습니다. 햇볕이 내리쬐는 창가에 유모차가 세워져 있었고, 그 안에는 어린 아기가 누워 있었습니다. 할머니는 잠시 걸음을 멈추더니 아기를 찬찬히 들여다보았습니다. 그 순간, 할머니의 표정이 달라졌습니다. 얼굴에 화색이 돌고 잔잔한 기쁨이 번지면서 애정과 관심이 묻어났습니다. 어린 아기를 바라본 것만으로도 큰 감동을 받은 듯했습니다. 할머니는 아무 말 없이 옆을 지나갔지만, 눈에서는 기쁨이 출렁였습니다.

기타 연주도 사람들의 마음을 움직이며 감동을 줄 수 있습니다. 우리는 자신의 마음속에 있는 것을 다른 사람들에게도 전할 수 있습니다. 어린 아기는 부모뿐만 아니라 다른 사람들(할머니의 경우에서 보았듯이)에게도 기쁨과 사랑을 불러일으킬 수 있습니다. 아기가 어른들에게 그처럼 깊은 감동을 남겼다면(더구나 건강한 성인에게 실제로), 이는 아기가 빈 그릇이나 백지가 아님을 의미합니다. 아기는 존재 자체로서 진수眞髓를 지니고 있습니다. 이는 처음부터 우리 자신을 형성하고 있는 그 무엇, 바로 사랑입니다. 우리가 세상에 태어났을 때처럼, 지금도 우리는 사랑스러운 존재이자 기쁨의 원천입니다. 우리는 사랑이라는 진수를 안고 선한 존재로 이 세상에 태어났습니다. 내면 깊은 곳에서는 여전히 사랑스러운 존재입니다. 어린 아기를 보면서 우리는 깊은 감동을 맛봅니다. 우리 안에 이러한 진수가 있기 때문입니다. 우리가 이를 의식하든 안 하든 상관없습니다. 아기는 우리 역시 그렇게 태어났다는 것을 상기시켜 줍니다. 외적으로는 벌거벗었지만 내적으로는 사랑스러운 존재인 것입니다. 무언가를 실행하거나 이루기 전에 인간은 단순한 존재, 이미 사랑스러운 존재입니다.

아이들을 바라보면서 우리는 자신이 하느님의 선물임을 떠올리게 됩니다. 그러므로 자신이 보잘것없는 존재라고 여겨서는 안 됩니다. 우리는 삶을 선물로 받았습니다. 아이가 생기고 태어나는 것은 인간의 뜻대로 할 수 있는 일이 아닙니다. 이는 특히 자녀가 없는 부부를 보면 잘 알 수 있습니다. 아이를 갖기 위해 현대 의학이 할 수 있는 모든 방법을 다 써도 소원을 이루지 못하는 부부들이 얼마나 많습니까! 자신이 '아이를 만들 수 있는' 것처럼 여기는 사람들이 많지만, 사실은 그렇지 않습니다. 남자와 여자가 결혼하면 어떻든 부모가 될 수 있다고 대부분 생각하지만, 사실은 그렇지 않습니다. 이는 인간의 뜻대로 할 수 없는 일입니다. 아이는 부모가 만드는 것이 아니라, 하늘이 내린 선물이기 때문입니다.

다른 사람들이 당신에 대해 뭐라고 말하든 상관없이 당신은 하느님의 선물, 있는 그대로 사랑스러운 존재입니다.

30대 후반의 한 여성은 자기 자신을 이렇게 알게 되었다고 말합니다. "어릴 때부터 저는 사랑스러운 아이가 아니라고 생각했어요. 부모님은 제가 달라져야 한다고 늘 말씀하셨지요. 그래서 저는 저 자신을 제대로 느낄 수도 없었고, 제가 착하다고 여기지도 못했습니다. 제가 있는 그대로 좋고 사랑스러운 존재라는 생각은 전혀 할 수 없었지요. 저는 언제나 값진 존재, 빛나는 보석이었다는 것을 지금은 잘 알고 있어요. 그동안 제가 이 보석 위에 오물을 끼얹은 셈입니다. 그러면서 저 자신이 한심하고 쓸모없는 존재라고 여겼습니다. 이 빛나는 보석을 제 안에서 다시 발견한 지금, 저는 새로 태어난 듯하고 참자아를 처음 발견한 것 같아요. 이것이 제게 참된 행복을 맛보게 해 주었습니다."

당신은 교육을 받고 성장하면서 자신이 사랑받을 존재임을 알게 되었을 것입니다. 그런데 어쩌면 있는 그대로 사랑스러운 존재가 아니라, 무언가를 해내야만 다른 사람들의 사랑과 관심을 받을 자격이 있다고 생각했을지도 모릅니다. 그럴 때 성취에 대한 엄청난 압박을 받게 됩니다. 그리고 이 압박이 삶의 모든 영역을 지배합니다. 이렇게 압박을 받으면, 모든 것을 제대로 볼 수도 없고 만족하지도 못합니다. 세월이 흐르면서 큰 고통이 쌓입니다. 자신을 늘 새롭게 증명해야 한다는 내적 압박은 휴식과 평정을 바라는 마음과 극명히 대치됩니다. 어렸을 때 부모를 포함해 자신을 돌봐 준 사람들이 부정적인 메시지를 주었을 경우에는 특히 더 힘듭니다. 무언가를 잘못해서 다른 사람들로부터 환영받지 못했거나 모든 것을 제대로 해내지 못한다고 평가받은 경우가 그렇습니다.

전공의 시절에 나는 70대 노인 환자를 보살핀 적이 있습니다. 암 환자였는데, 겉으로 보기에도 우울증이 심했습니다. 담당 의사들은 암이 이 환자에게 우울증을 유발했다고 진단했습니다. 그런데 환자와 대화해 보니, 우울증은 이미 어린 시절부터 생긴 것이었습니다. 당시 투병 중이던 암과는 무관했습니다. 노인은 사생아로 태어난 자신의 출생 이야기부터 풀어냈습니다. 어머니는 그의 탄생으로 앞길이 막혔다며 평생 그에게 불평했다고 합니다. 미혼모라는 딱지를 단 채 고향에서 늘 무시당했고, 누구와도 결혼할 수 없었기 때문입니다. 그는 자기 잘못이 아닌데도 어릴 때부터 억눌렸으며 기쁨을 누리지도 못했습니다.

어릴 때 자신이 받아들여진 체험을 못한 사람은, 자녀에게 더 많이 베풀고 더 좋은 것만 주고 싶을 것입니다. 그런 사람은 자녀에게 최선을 다하기 위해 애쓴다고 하지만, 사실 이것은 어린 시절에 받아야 했을 사랑의 욕구를 뒤늦게 채우는 것에 지나지 않습니다. 그의 내면에서는 자녀에게 더 좋은 관계를 경험하게 해 주고 싶은 마음과 결핍에 대한 어릴 적 경험이 충돌합니다. 그런데 부모가 자아와 어떻게 교류하는지 아이들은 금세 알아차립니다. 부모가 자아를 대하는 법, 자기 자신을 있는 그대로 받아들이고 사랑하는 법을 배웠는지 아이들은 알고 있습니다. 부모가 여전히 과거의 결핍을 안고 사는지, 자신의 내면과 일치를 이루고 있는지 아이들은 알고 있습니다. 그러면서 자기 식대로 부모를 닮아 갑니다. 자기 자신을 있는 그대로 사랑할 수 있는 사람은 자녀를 있는 그대로 받아들이기가 한결 수월합니다. 그러므로 자녀는 우리가 진심으로 받아들일 수 있는 대상, 있는 그대로 사랑스러운 존재입니다.

달라이 라마는 명상하는 이들과 만난 모임에서 이런 지적을 했습니다. 서구 문화권에 사는 사람들 가운데 자신을 존중하지 않는 사람들이 많다는 것입니다. 서구식 교육을 받은 사람들이 어릴 적부터 자신을 존중하는 마음이 적은 것은 사실입니다. 그 결과, 성인이 되어서도 자기 자신을 긍정적으로 평가하지 않고 존중하지 않는 경향이 많습니다. 그래서 자신이 관계 맺은 사람들과 서로 존중하는 법을 연습하도록 권하고 싶습니다. 당신이 사랑하는 사람들이 당신에게 중요한 것, 당신이 그들에게 원하는 것을 말하게 하지 말고, 당신이 먼저 항상 진심으로 말하도록 애쓰십시오. 당신의 자녀가 있는 그대로 얼마나 사랑스러운 존재인지 늘 말해 주십시오.

연 습 . . 존 중

당신이 상대방에게 무엇을 원하는지, 상대방을 어떻게 평가하는지 그가 알 것이라며 단정 짓지 마십시오. 당신이 자녀, 배우자, 친구, 직장 동료들을 항상 존중한다고 생각하며 이를 의식하십시오. 그중 누구에게 존중하는 마음을 표현할 것인지 잠시 생각하십시오. 당신이 상대방을 존중한다는 것을 진심으로 표현하도록 애쓰십시오. 의도적인 생각은 피하십시오. 특정한 목적을 달성하기 위해 상대방을 존중하는 마음가짐을 이용해서는 안 됩니다. 예컨대 자녀나 배우자의 마음을 움직여 뭔가 그럴싸한 것을 말하면서 자신의 회심을 보여 주려 한다면, 이는 저의가 깃든 태도입니다.

당신이 상대방을 진심으로 존중할 때, 이것이 당신의 마음에도 남아 있게 됩니다. 당신 자신에게나 다른 사람들에게 존중하는 마음을 경솔하게 표현하지 마십시오. 우리가 간절히 바란다 하더라도, 배우고 경험한 것에 비추어 우리 안에 먼저 불쾌한 감정이나 거짓 겸손이 싹틀 수 있습니다. 이러한 잘못된 마음을 이용할 경우, 우리 자신도 힘들어집니다. 의혹이 들면 먼저 상대방에게 자신이 원하는 것을 말해도 좋은지 양해를 구하십시오. 부부 사이에 서로 존중하는 분위기가 싹트려면 당신과 배우자가 어떻게 해야 좋을지 진지하게 생각하십시오. 그런 분위기에서 성장한 아이들은 자신이 사랑받고 있으며 받아들여졌다고 깊이 느낄 것입니다.

인정과 사랑

인정과 사랑은 같지 않습니다. 인정은 당신이 무언가를 해냈을 경우에 받는 것이지만, 사랑은 당신을 있는 그대로 이해하는 것입니다. 누구나 그렇듯이, 당신도 다른 사람들의 인정을 필요로 합니다. 당신이 무언가를 할 의욕에 넘쳐서 이를 행동에 옮기려면 다른 사람들의 인정도 필요합니다. 그러나 많은 업적을 이룬 것으로 사랑받을 수는 없습니다. 전혀 그렇지 않습니다. 당신은 있는 그대로 사랑스러운 존재이지, 무언가를 이루었기 때문에 사랑받는 것은 아닙니다. 업적을 이루어서 사랑받고자 한다면, 이는 헛된 망상에 지나지 않습니다.

살아가면서 우리에게 필요한 체험이 두 가지 있습니다. 자신이 이룬 것에 대해 인정받는 체험과 있는 그대로의 나로서 사랑받는 체험이 그것입니다. 단, 올바른 기준에 비추었을 때 그렇습니다. 자존감이 낮을 경우, 인정과 사랑을 혼동할 수 있습니다.

40대 초반의 한 직장 여성이 탈진 상태로 병원에 왔습니다. 그녀는 일주일에 60시간을 일해도 상사에게 인정받지 못한다며 하소연했습니다. 상사에게 인정받기 위해 자신은 항상 열심히 일할 준비가 되어 있다고 했습니다. 치료를 받으면서 그녀는 어린 시절에 아버지의 사랑을 받지 못했다는 것과, 그 사랑을 상사로부터 대신 받으려 했다는 것("그분은 여러 면에서 제 아버지와 같았어요.")을 깨닫게 되었습니다. 인정받기 위해 열심히 일했지만, 이런 식으로는 '아버지로부터 받은 상처'를 치유할 수 없었던 것입니다.

과도하게 일하는 사람들은 대부분 마음 밑바닥에서 여전히 아버지나 어머니의 사랑을 갈구합니다. 인정받고 싶은 마음이 지나치면 '인정에 대한 탐욕'을 초래할 수 있습니다. 직장에서 높은 성과를 내며 이를 대체 수단으로 간주하는 사람들이 많습니다. 그러나 이런 사람들은 실제로 낮은 자존감 때문에 괴로워하며, 이를 외부에서 인정받는 것으로 보상받기 위해 안간힘을 씁니다. 실제의 욕구(이 경우에는 사랑받는 것)를 충족하지 못하면 탐욕을 부르기 마련입니다. 인정과 사랑을 혼동하는 것이지요. 하지만 질적 부족(애정 결핍)을 양적 방식(높은 성과를 낼수록 더 많이 인정받고 싶은 욕구)으로 메울 수는 없습니다. 애정 결핍이 인정받는 것으로 상쇄될 수 없는 이유입니다.

다음에 소개하는 짤막한 이미지 연습을 통해 인정과 사랑의 다른 점을 알 수 있을 것입니다.

연습 . . 인 정 과   사 랑 을   인 지 하 기

당신이 뭔가 특별한 것을 이루어 많은 인정을 받았던 때를 떠올리십시오. 가능하다면 사진이나 영화를 보듯 그 상황을 생생히 그리십시오. 그때 어떤 느낌이 들었는지 감지하십시오. 당신이 어떤 체험을 했고, 얼마나 많은 칭찬과 격려를 받았는지 인지하십시오. 어떤 느낌이 듭니까?

이제 다른 상황을 떠올리십시오. 당신이 조건 없이 사랑받았다고 느

긴 순간을 기억해 내는 겁니다. 내면의 눈으로 그 장면을 다시 그리면서 구체적으로 상상하십시오. 그때 어떤 느낌이 들었는지 선명하게 떠올리십시오. 당신 안에서 어떤 변화가 일어났습니까? 자신이 실제로 사랑받은 느낌이 어땠습니까?

끝으로, 첫 번째 장면과 두 번째 장면의 차이점을 인지하십시오. 다른 점이 무엇입니까? 그 차이를 어떻게 느꼈습니까?

전혀 다른 결핍 때문에 괴로워하는 사람들이 많은데, 이 결핍을 대부분 의식하지 못합니다. 바로 건강한 자기애에 대한 결핍입니다. 자기애, 곧 자기를 사랑한다는 것은 우선 자기 자신을 받아들이고, 자신과 더 이상 싸우지 않으며, 자신을 환영하는 것입니다. 인간은 누구나 고유한 특성이 있지만, 자기 힘으로 어찌지 못하는 한계도 지니고 있습니다. 이 한계로 인해 내적으로 힘들어지는데, 바로 여기서 달라졌으면 하는 바람입니다. 그 다음에는 자신을 다른 사람들과 비교하면서 더욱 만족하지 못하게 됩니다. 혹은 살아가면서 실패, 실수, 부끄러움을 경험하기도 합니다. 대개 이런 부정적인 체험은 흔적 없이 지워 버리고 싶어집니다. 당신이 자아와 대결하면 할수록 자신의 어두운 면과도 그만큼 더 많이 부딪치게 됩니다. 이 어두운 면을 보이고 싶지 않겠지만, 바로 여기서 건강한 자기애가 드러납니다. 바로 이 지점에서 당신 자신에게 말을 걸어야 합니다. 자기 자신을 부드럽고 애정이 가득한 눈으로 바라보는 법을 연습하십시오. 자기 자신을 어떻게 생각하는지 의식하십시오. 혹시 당신 자신을 판단하거나 깎아내리지는 않습니까? 자신을 미워하지는 않나요? 만일 그렇다면, 자신을 존중하고 격려하며 돌보는 법을 연습하십시오!

당신의 영혼이 마치 위胃와 같다고 상상하십시오. 당신의 위가 좋은 영양분을 필요로 하듯, 영혼도 좋은 양식을 필요로 합니다. 자기 자신을 어떻게 생각하느냐는 것이 당신의 영혼을 살찌우는 가장 중요한 양식입니다. 산성 식품을 계속 섭취하면 과다한 위산이 분비될 것입니다. 당신의 위는 산성화되고 계속 아프겠지요. 그 직접적인 결과로 위궤양을 앓을 수 있습니다. 당신의 영혼도 이와 똑같이 반응합니다. 자기 자신을 함부로 다루고 깎아내리거나 실수를 용서하지 않으면서 영혼에 해가 되는 양식을 공급한다면, 당신의 영혼은 비참해질 것입니다. 그 결과는 참혹합니다. 반면에 자기 자신을 존중하고 소중하게 다루며 긍정적인 생각을 한다면, 이는 영혼에 좋은 양식을 주는 것입니다. 그러면 당신의 영혼은 건강을 유지하게 됩니다.

자기애는 자신을 이기적인 모습으로 만들거나 나르시시즘 혹은 자기 자랑이 아닙니다. 자기애는 자기 자신을 사랑스럽게 받아들이는 것, 자신의 모든 면을 솔직히 인정하는 것입니다. 그럴 때 비로소 자신의 능력을 모두 제대로 펼칠 수 있습니다. 당신이 자신을 있는 그대로 인정하고 받아들일 때, 다른 사람들도 진심으로 사랑할 수 있습니다.

"네 이웃을 너 자신처럼 사랑하라."는 그리스도교의 계명은 매우 일방적으로 이해되는 경우가 많습니다. 이는 통상적으로 이웃 사랑의 계명이라고 해석됩니다. 하지만 자기 사랑과 이웃 사랑은 둘 다 똑같이 중요합니다. 서로 긴밀히 연관되어 있기 때문입니다. 당신이 자기 자신을 얼마나 사랑하느냐에 따라서 다른 사람들에게도 사랑을 줄 수 있습니다. 자기 자신을 거부하는 사람은 다른 사람들도 사랑하기 힘듭니다. 내가 나 자신 때문에 괴로워하지 않아야 비로소 다른 사람들 때문에 괴로워하지 않게 됩니다. 예컨대 물건을 제대로 다루지 못하는 사람은 남들로부터 인색하다거나 낭비벽이 심하다는 평을 듣습니다. 자기 자신에게 아무것도 허용하지 않는 사람은 매정하다는 말을 듣습니다. 본인은 겉으로 드러나는 희생과 봉사로 이를 감추려고 안간힘을 쓰지만 소용없는 일입니다.

최근에 자기를 돌보는 것과 자기애에 관한 오래된 글을 입수했습니다. 클레르보의 베르나르도 성인이 스트레스로 고생하던 당대의 교황 에우제니오 3세에게 보낸 편지입니다. 이 글은 12세기에 나온 것이지만, 21세기에도 적용될 수 있는 내용입니다.

"너 자신을 받아들여라!"

제가 어떻게 시작하면 좋을까요? 아마도 성하 곁에서 많은 일을 도와드리는 게 제일 좋겠지요. 그러면 성하와 함께 마음을 나눌 수 있을 테니까요. 성하께서 일에 파묻혀 꼼짝 못하시니 더 이상 출구를 찾지 못하실까 봐 걱정스럽습니다. 그렇게 되면 표정이 굳어지고 고통도 더

심해질 것입니다. (중략) 남는 것은 얼어붙은 마음뿐입니다. 성하 자신을 받아들이지 못하실 것입니다. 성하 자신을 느끼지 못하기 때문입니다. (중략) 성하 자신을 잃어버리신다면 어떻게 완전하고 진실할 수 있겠습니까? 성하도 인간이십니다. 성하께서 모든 것을 포용하고 완전해지려면, 다른 사람들에게 주의를 기울이는 것도 중요하지만 성하 자신에게도 주목하셔야 합니다. (중략) 그렇습니다. 자기 자신에게 소홀한 사람이 어떻게 다른 사람들을 잘 대할 수 있겠습니까? "너 자신을 받아들여라!"는 말을 마음에 새기십시오. 항상 그렇게 하시라고 말씀드리는 게 아닙니다. 자주 그렇게 하시라고 말씀드리는 것도 아닙니다. 제 말은, 매번 처음에 하듯 그렇게 하시라는 뜻입니다. 다른 사람들과 성하 자신을 위해서 말입니다.

자기 자신을 잘 대하는 것, 자기 자신을 위해 존재하는 것, 자기 자신에게 진심으로 주의를 기울이는 것, 바로 이런 것이 진정한 자기애입니다. 그런 맥락에서 자기애는 이기적인 행복을 찾는 것이 아니라, 자신에게 세심한 주의를 기울이고 자신의 삶에 책임감을 지니는 것을 의미합니다. 그렇게 할 때 바람직하고 사랑 가득한 인간관계도 구축할 수 있습니다.

다음에 소개하는 글은 희극 배우인 찰리 채플린이 쓴 것으로, 이 글을 읽을 때마다 나는 개인적으로 새로운 힘을 얻습니다.

내가 나 자신을 사랑하기 시작했을 때

내가 나 자신을 사랑하기 시작했을 때, 마음의 고통은 나에 대한 경고일 뿐, 나 자신의 진실을 거슬러 살지 말아야 한다는 것을 깨닫게 되었다. 그리고 오늘에야 알게 되었다. 이를 **진정성**이라고 부른다는 것을.

내가 나 자신을 사랑하기 시작했을 때, 내 마음이 누군가를 내리누른다면 이는 그를 모욕하는 것임을 깨닫게 되었다. 비록 때가 되지 않았고 그 사람이 준비되지 않았다는 것을 내가 알더라도 말이다. 또한 나 자신이 그 사람이더라도 말이다. 오늘에야 알게 되었다. 이를 **존중**이라고 부른다는 것을.

내가 나 자신을 사랑하기 시작했을 때, 다른 삶을 갈망하지 않게 되었다. 그리고 주변에서 일어나는 모든 일은 성장을 위한 초대였음을 깨달았다. 오늘에야 알게 되었다. 이를 **성숙**이라고 부른다는 것을.

내가 나 자신을 사랑하기 시작했을 때, 기회가 올 때마다 내가 적시적소에 있었으며 또한 모든 일이 제대로 돌아갔다는 것을 깨닫게 되었다. 그때부터 내 마음이 안정되었다. 그리고 오늘에야 알게 되었다. 이를 **자기 신뢰**라고 부른다는 것을.

내가 나 자신을 사랑하기 시작했을 때, 내게서 자유 시간을 빼앗는 것을 끊어 버렸다. 미래에 대한 거창한 설계도 중단했다. 지금은 내게 기쁨과 행복을 주는 일, 내가 좋아하고 내 마음을 즐겁게 하는 일, 나의 방식과 리듬과 속도에 맞는 일만 한다. 오늘에야 알게 되었다. 이를 **단**

순함이라고 부른다는 것을.

내가 나 자신을 사랑하기 시작했을 때, 나에게 해로운 모든 것에서 벗어나게 되었다. 먹는 것, 사람들, 일, 상황을 비롯해 나를 아래로 끌어내리는 모든 것에서 벗어났으며, 나 자신으로부터도 벗어났다. 처음에는 이것을 '건강한 이기주의'라고 불렀으나 오늘에야 알게 되었다. 이것이 **자기애임**을.

내가 나 자신을 사랑하기 시작했을 때, 늘 내가 옳다는 생각을 내려놓게 되었다. 그러면서 덜 헤매게 되었다. 오늘에야 알게 되었다. 이를 **겸손**이라고 부른다는 것을.

내가 나 자신을 사랑하기 시작했을 때, 더는 과거에 갇혀 살지 않게 되었고 미래에 대한 걱정도 품지 않게 되었다. 나는 모든 것이 일어나는 지금 이 순간만을 살고 있다. 나는 오늘을, 이 하루를 살고 있다. 이것을 **채움**이라고 부른다.

내가 나 자신을 사랑하기 시작했을 때, 내 생각이 나를 방해하고 병들게 할 수 있다는 것을 깨닫게 되었다. 그러나 내가 내 마음과 연결되자, 이성은 든든한 동맹자를 얻었다. 오늘에야 나는 이 연결을 **내면의 지혜**라고 부른다.

우리는 더 이상 자기 자신과 대결하거나 갈등을 일으킬 필요가 없다. 자기 자신에 대해 의혹을 품을 필요도 없고, 다른 사람들을 두려워할 필요도 없다. 별이 반짝 빛날 때 새로운 세상이 열리기 때문이다. 오늘에야 나는 알게 되었다. **이것이 삶이라는 것을!**

자신이 하는 일에 주목하라

뒤스부르크 – 에센Duisburg-Essen 대학교 연구소에서 일과 삶의 질을 연구한 자료(2012. 2. 3)에 따르면, 자기 일에 만족하지 못하는 사람들이 점점 늘어나는 추세라고 합니다. 일 때문에 스트레스에 시달리고 심각한 탈진 증세까지 보이는 사람들의 수도 계속 증가하고 있습니다. 탈진은 겉으로 드러나지 않은 채 오래 진행되는 과정입니다.

탈진한 사람들은 대부분 이러한 증세를 너무 늦게 느끼거나 자신의 상태를 인정하려 들지 않습니다.

50대 초반의 한 홍보업체 종사자는 자신이 탈진하게 된 과정을 이렇게 털어놓았습니다. "마치 기차를 타고 가는 듯한 기분이었습니다. 기차에서 내려야 하는데, 역을 몇 군데나 그냥 지나쳤는지 깨닫지 못했습니다. 제가 어디로 가고 있는지도 알지 못했습니다. 이제야 제 몸이 말합니다. 달리는 기차를 멈춘 다음, 내려서 걸어가라고요. 그동안 제가 얼마나 부주의했는지 이제야 고통스럽게 알게 되었습니다. 저는 몸의 신호를 흘려 넘겼고, 많은 좋은 일들도 그냥 지나쳤습니다."

주목할 때 우리가 원하지 않는 것들이 진행되지 않도록 사전에 막을 수 있습니다. 자신의 자원을 소중히 다루고, 일을 통해 정체성을 의식하며, 자신의 가치와 목표를 아는 것은 내적 균형을 이루는 데 결정적 역할을 합니다.

자신의 일에 주목한다는 것은 당신이 하루를 어떻게 출발하느냐는 것으로 시작됩니다.

주목을 위한 물음

- 당신은 새로운 하루를 시작하며 자신의 일을 맞아들입니까?
- 자신의 일을 기다리고 있다는 것을 진심으로 받아들입니까?
- 혹시 자신이 원하지 않는 일을 해야 한다며 압박을 받나요?
- '오늘도 나는 일해야 한다.'는 생각이 들면 마음이 어떻습니까? 반면에 "나는 오늘 일해도 된다."고 자신에게 말한다면 기분이 어떨까요?

'나는 무언가를 해야 한다.'고 생각할 때마다 자신이 낯설게 느껴지고 압박을 받게 됩니다. 스트레스 연구가들이 내놓은 결과에 따르면, 선택 가능성 없이 마구 밀고 나가면 심각한 스트레스가 유발될 수 있다고 합니다. 그러니 선택 가능성을 두고 결정하십시오. 당신은 자신의 일을 어떻게 맞아들일지 날마다 새롭게 선택할 수 있습니다. "나는 일해도 된다." 혹은 "나는 일하겠다."라고 자신에게 말한다면, 이는 당신 스스로 결정한 것이고 자신의 선택에 책임을 진다는 뜻이기도 합니다. 날마다 자기 일에 전념하는 한, 당신은 행동 영역에서도 그렇게 하기로 결정한 셈입니다. 반면에 자신이 제자리에 있지 않다고 느끼거나 일에 대해 확고한 의지가 없다면 갈등에 빠지기 쉽습니다. 내적 갈등은 자신의 일자리에 대한 외적 갈등이 반영된 것일 수도 있습니다.

오직 돈을 벌기 위해 일할 뿐, 그 일에 더 이상 관심이 없다면 기쁨과 행복을 누리기 어렵습니다. 자신의 일에 관심을 기울여야만 자신의 직업을 가치 있게 여길 수 있습니다.

'관심Interesse'이라는 독일어는 라틴어 'Inter-esse'를 그대로 따온 말로, "그 사이에 있음"을 뜻합니다. 그러므로 자신의 일에 관심을 기울이고 함께 일하는 사람들에게 진정한 관심을 보일 때, 더욱 기쁘게 일할 수 있습니다.

인간에게 일이 얼마나 소중하고 가치 있는지는 일자리가 없는 사람들을 보면 잘 알 수 있습니다. 현재 직업이 있는 사람은 이런저런 것들이 자신에게 맞지 않는다고 쉽게 불평합니다. 그러니 무언가를 잃은 후에야 비로소 그것이 얼마나 소중한지 깨닫는 것은 삶의 비극처럼 보입니다. 이 말은 다른 힘든 체험을 하는 경우에도 적용됩니다. 예컨대 사랑하는 사람과 헤어질 때, 병이나 사고로 건강을 잃을 때가 그렇습니다.

당신이 일을 얼마나 기쁘게 하느냐, 아니면 마지못해 하느냐는 당신의 생각에 달려 있습니다. 그리고 이로 인해 기분이 좋아질 수도 있고 나빠질 수도 있을 것입니다. 많은 사람들이 자신의 일에 대해 확고한 의지가 없거나 부족하다고 여깁니다. 그리고 이 때문에 괴로워합니다. 이런 사람들은 자신이 무력하다고 생각하거나 자신에게 선택권이 없다고 느끼는 경향이 큽니다. 이는 스트레스 유발에 지대한 영향을 미칩니다. 주목하는 태도를 보일 때 변화나 행동하는 측면에서 가능성을 발견할 수 있습니다. 어떻게 하면 자신의 일을 다르게 꾸려 갈 수 있을지 당신 스스로 생각할 수 있도록 도와주고 싶습니다. 일의 체계가 크게 달라지기를 기대하기보다는 당신이 영향력을 발휘할 수 있는 작은 일부터 시작하는 편이 훨씬 수월할 수도 있습니다.

당신은 여태껏 자신의 일을 어떻게 꾸려 왔습니까? 당신이 지금까지 이용하지 않은 활동의 여지가 있습니까? 창의적인 자세로 임하십시오. 자신에게 휴식을 허용할 수 있습니까? 규칙적으로 쉴 때 마음의 안정도 얻을 수 있습니다. 일하면서 마음의 짐이 무거워질 때는 내적 균형을 이루는 것이 무엇보다 중요합니다.

어쩌면 미하엘 엔데Michael Ende의 유명한 소설 「모모」에 나오는 다음과 같은 자극이 도움이 될지도 모르겠습니다. 도로 청소부 베포는 자기 앞에 놓인 긴 도로를 비질할 때마다 한꺼번에 도로 전체를 생각하지 않았습니다. 그는 천천히, 하지만 쉬지 않고 쓸었습니다. 한 걸음 떼어 놓을 때마다 숨 한 번 쉬고, 숨 한 번 쉴 때마다 비질을 한 번 했습니다. 한 걸음, 한 번 숨 쉬고, 한 번 비질, 한 걸음, 한 번 숨 쉬고, 한 번 비질···. 그러다 가끔 잠시 비질을 멈추고 생각에 잠겨 앞을 바라보았지요. 그러고는 다시 한 걸음, 한 번 숨 쉬고, 한 번 비질을 계속했습니다. 당신도 규칙적인 자신의 숨을 되찾고 싶을 겁니다. 도로 청소부 베포의 말("한 걸음, 한 번 숨 쉬고, 한 번 비질")을 되풀이하거나 자기만의 방식으로 표현해 보십시오. 그러면서 의식적으로 숨을 들이쉬고 내쉬며 마음을 가라앉히십시오.

이따금 몸의 긴장을 푸는 연습을 하는 것도 매우 좋습니다. 가령 사무실 의자에 몸을 깊이 묻고 다리를 쭉 펴거나 양팔을 늘어뜨리십시오. 몸의 긴장을 풀 때 내적으로도 이완되었다고 느끼게 됩니다. 머리 쓰는 일을 하면서 꽉 막혔다는 느낌이 들면, 자리에서 일어나 똑바로 서서 몸을 앞뒤로 가볍게 흔들며 긴장을 푸십시오. 이렇게 가볍게 움직일 때 내면과 다시 교류하게 되고 막혔던 생각도 다시 흐를 수 있습니다.

한 가지 일만 의식하며 행하는 법을 연습할 때 더 집중하게 되고 큰 효과를 거둘 수 있습니다. 우리는 대부분 많은 일을 동시에 끝내야 한다고 여기지만, 이때 간과하는 점이 있습니다. 실수가 잦아지고 힘도 더 든다는 것입니다. 그리고 한 가지 일을 끝낸 다음 다른 일을 하는 것에 비해 능률도 훨씬 떨어집니다. 여러 가지 일을 동시에 하면 어느 것에도 주목할 수 없습니다.

일터에서 행복을 느끼는 것은 중요한 의미를 지닙니다. 이는 "자신과 일을 얼마나 동일시하느냐?"는 물음이기도 합니다.

자신이 생각하는 가치와 회사가 생각하는 가치가 일치하지 않을 경우 내적 갈등이 생기고, 이로 인해 자기 일에 만족하지 못하는 등 부정적인 영향을 미칠 수 있습니다. 또한 직장에서 맡은 역할에 자존심을 걸면서 자신과 일을 과도하게 동일시하는 것도 바람직하지 않습니다. "동일시하다"라는 뜻의 독일어 'Identifizieren'은 라틴어 'idem facere'에서 유래된 동사로 "같게 하다, 같게 두다"라는 의미를 지녔습니다. 탈진 증세에 시달리던 40대 중반의 어느 여교사는 교사가 아닌 자신은 아무것도 아니라고 말했습니다. 이렇듯 자기 자신과 직업을 과도하게 동일시하면 에너지를 지나치게 소모할 위험이 큽니다. 이뿐만이 아닙니다. 혹시라도 직업을 잃게 되면 자존감이 낮아지면서 삶 전체가 뒤흔들릴 수 있습니다.

자기 자신과 일을 동일시하는 데 있어서 당신이 더욱 바람직하게 의식할 수 있도록 다음 물음들을 제시해 보겠습니다.

주목을 위한 물음

- 당신은 자기 자신과 일을 비교적 적게 동일시하는 편인가요? 아니면 과도하게 동일시하는 편인가요?
- 당신은 자신이 제자리에 있다고 여깁니까?
- 당신의 강점을 일터에서 펼칠 수 있습니까?
- 당신은 자신의 일을 가치 있다고 여깁니까?
- 당신이 가치 있게 체험한 것은 무엇입니까?
- 당신의 능력은 당신의 직업이 요구하는 것들에 딱 들어맞습니까?
- 당신의 직업은 자존감에 어떤 의미를 지닙니까?
- 당신의 일과 상관없이, 자기 자신을 인간으로서 어떻게 생각합니까?
- 당신이 직업을 선택하면서 지녔던 비전은 무엇입니까?
- 지금 당신이 하는 일에 동기를 부여하는 것은 무엇인가요?
- 당신은 자신의 일을 어떻게 평가합니까?
- 당신이 놓쳐 버린 것은 무엇입니까?

– 어떻게 하면 당신에게 개인적으로 중요한 것을 더 펼칠 수 있을까요?

지속적으로 편안하고 책임감 있는 자세로 직업에 종사하려면 자기 자신과 일을 건설적으로 동일시하는 것 외에 중요한 요소가 또 있습니다. 일할 때 다른 사람들로부터 충분한 지지를 받고 있느냐는 것입니다. 사회적 지지는 탈진을 막는 가장 중요한 예방책입니다. 당신이 모든 일을 혼자서 하는 유형이라면 책임도 혼자 도맡을 위험이 있습니다. 당신이 다른 사람들로부터 지지를 받을 때, 직업이 요구하는 것들을 내적으로 만족한 가운데 훨씬 수월하게 해낼 수 있습니다.

잠시 시간을 내어 당신이 사회적 지지를 받을 수 있도록 몇 가지를 생각해 보라고 권하는 바입니다.

주목을 위한 물음

– 당신의 일을 적극적으로 지지해 주는 사람이 있습니까?
– 당신이 마음으로 의지할 만한 사람이 있나요?
– 필요할 때 언제든 도움을 청할 수 있는 직장 동료나 친구들이 있습니까?
– 당신은 왜 다른 사람들의 지지를 바랍니까?
– 다른 사람들과 함께 공동 목표를 추구한 경험이 있습니까?
– 직면한 상황에 더 잘 대처하기 위해 당신을 지지해 줄 만한 사람이

있습니까?

― 경우에 따라서는 코치나 슈퍼바이저● 같은 전문가의 도움도 받나요?

갈등 관계

살아가면서 만나는 모든 대상이 당신을 더 깨어 있게 하고 더 생기 있게 만들기 위해 도와주려 한다고 생각하십시오. 고유한 체험, 당면한 상황, 만나는 사람들이 당신을 성장시키고 성숙하게 만드는 데 기여할 수 있습니다. 주목하는 것은 마치 좋은 토양과도 같습니다. 우리가 살아가면서 겪는 모든 체험은 씨앗과 같습니다. 이 씨앗이 좋은 땅에 뿌리내리고 자라면서 우리가 성장하도록 영향을 미칩니다. 자기 자신과 외부 세계에 진정한 관심을 지니고 마음을 활짝 열 때, 삶은 지속적인 성장 과정이 됩니다.

우리가 서로 가르치고 배울 수 있도록 마음을 열 때, 모든 만남은 기회가 됩니다. 그러나 곧이곧대로 해석하여 우리가 서로에게 무언가를 가르쳐야 한다는 의미는 아닙니다. 우리는 누구나 서로 일깨워 주

● 상담한 사람들이 상담 내용을 놓고 평가하며 상담자로 하여금 더 전문적인 상담을 할 수 있도록 지도하고 감독하는 이. ― 옮긴이 주

는 능력을 지니고 있습니다. 어떤 사람이 우리를 유쾌하거나 불쾌하게 만들 때, 우리는 내면에서 잠자고 있는 그 무엇과 교류하게 됩니다. 그리고 이 실체는 표면 위로 떠오릅니다. 그리하여 예전에 미처 의식하지 못했던 요소를 더 진지하게 인지할 기회가 주어집니다. 이와 관련하여 내가 근무하는 병원에서는 '배우고 가르치는 생활 공동체'라는 용어를 사용합니다. 이는 모든 만남이 우리 자신과 삶에 관한 그 무엇을 가르쳐 줄 수 있다는 의미를 지닙니다. 주목하는 사람들은 날마다 이를 새롭게 배울 준비가 되어 있습니다. 그리하여 삶에 마음을 '더 활짝' 열고 깨어 있는 자세로 살아갈 수 있습니다. 랍비인 해럴드 쿠쉬너Harold S. Kushner는 이를 다음과 같이 표현했습니다. "당신이 사는 법을 배웠다면, 삶 자체가 가치 있을 것이다."

우리의 삶은 만남의 연속입니다. 우리의 행복은 어떤 인간관계를 맺고 있느냐에 좌우되기도 합니다. 좋은 인간관계는 우리를 건강하게 지켜 줍니다. 반면에 바람직하지 않거나 갈등을 일으키는 인간관계는 우리를 병들게 할 수 있습니다. 병들고 상처 받는 것은 비단 언어적으로만 밀접하게 연관되어 있는 것은 아닙니다. 우리가 인간관계에서 입는 상처는 막을 수 없지만, 상처를 계속 안고 있을지 여부는 우리 스스로 결정할 수 있습니다. 상처를 끌어안고 있는 사람은 정신적으로나 신체적으로나 병들 위험이 높습니다.

우리에게 상처나 아픔을 주면서 불쾌한 감정이나 반응을 유발하는 사람들은 자신이 매우 특별하고 중요한 존재라고 자처합니다. 화, 분노, 수치심, 고통처럼 우리 안에서 불쾌한 감정을 일으키는 만남은 특별한 도전으로 다가옵니다. 우리로 하여금 오래된 사고방식, 태도, 습관을 깨고 나오도록 요청하고 촉구하기 때문입니다. 살아가면서 우리는 자신에게 더 배우라고 지적하는 사람들을 만납니다. 그런데 사실 이들은 우리에게 선물 같은 존재입니다. 분석심리학의 창시자인 융 Karl Gustav Jung은 이를 다음과 같이 표현했습니다. "우리에게 방해되는 모든 것은, 스스로 무언가를 경험하도록 바라는 것이다."

어떤 사람이 우리를 불쾌하게 하면, 우리는 대부분 그와 거리를 두거나 싸울 생각을 품습니다. 자신을 방어하거나 상대방을 공격할 마음이 반사적으로 일어나는 것입니다. 이는 이해할 만한 일입니다. 또 다른 상처를 받지 않기 위해 자신을 보호하려는 것이니까요.

모든 것에 주목하며 살기로 결심했다면, 더 이상 반사적인 태도를 보이지 않겠다는 마음이 들 것입니다. 그리고 자신을 불쾌하게 만든 실체가 무엇인지 알고 싶을 것입니다. 그런 자각을 통해 자신의 삶을 주도하려고 합니다. 그렇게 하면서 뒤로 물러서거나 싸움에서 벗어날 방도를 찾아낼 수 있을 것입니다.

당신을 불쾌하게 만든 누군가가 당신 옆에서 빨간색 버튼을 눌렀다고 상상하십시오. 그 사람이 당신 안에 경보를 울리고, 당신은 이를 알아차립니다. 예컨대 심각한 상처를 받거나 수치심이 들면서 알아차리게 됩니다. 아마도 당신은 반사적으로 상대방 탓으로 돌리고 싶을 것입니다. 그가 당신을 불쾌하게 만들었고, 자기 멋대로 빨간색 버튼을 누르면서 당신의 마음을 불편하게 했다며 밀어붙일 것입니다. 하지만 눈을 크게 뜨고 주의 깊게 당신이 처한 상황을 주시하십시오. 그러면 이런 식의 행동으로는 문제를 해결할 수 없다는 사실을 깨닫게 될 것입니다. 상대방이 빨간색 버튼을 눌렀다 하더라도, 이 버튼은 없어지지 않고 그대로 있습니다. 그리고 다른 기회에 다시 눌러질 수도 있습니다. 이 버튼을 가지고 있는 사람은 바로 당신 자신입니다. 당신의 내면에는 경보와 함께 그에 속하는 장치들도 분명히 들어 있습니다.

주목할 때 이것을 긍정적으로 인지할 수 있습니다. 그러면서 경보가 어디에서 온 것인지, 무엇에 유익한지 자신에게 물을 수 있습니다. 당신의 반응이 과격하면 할수록 당신 안에 있는 해묵은 상처를 건드릴 확률도 높아집니다. 당신이 상대방에게 거칠게 내보인 해묵은 상처가 있습니까? 어쩌면 상대방은 자신의 어두운 면을 당신에게 드러냈을지도 모릅니다. 자신의 인생사나 자아를 아직 완전히 받아들이지 못했거나 그 안에서 배워야 할 것이 있음을 당신이 알 수 있도록, 상대방이 당신을 주목하게 만들었을지도 모릅니다. 이런 방식으로 버튼은 자기 자신을 좀 더 의식할 수 있도록 당신에게 기여합니다.

심리학자 로베르트 베츠Robert Betz는 버튼을 누르는 존재를 "바보 – 천사"라고 부릅니다. 우리가 고발하거나 비난하고 싶어 하는 누군가는 우리에게 천사입니다. 천사는 중요한 메시지를 전해 줄 수 있는 존재입니다. 결국 천사는 우리에게 바람직한 길을 제시해 주려는 것입니다.

주목을 위한 물음

- 살아오면서 당신의 빨간색 버튼을 누른 사람이 있습니까? 당신은 그와의 관계를 어떻게 받아들입니까? 어떻게 해서 그 사람이 당신의 천사가 되었나요?
- 당신의 빨간색 버튼은 어디에서 비롯되었습니까? 당신이 거기서 배울 수 있었던 점은 무엇인가요?
- 당신의 빨간색 버튼을 누른 사람이 당신을 주목하게 만든 해묵은 상처가 있습니까? 앞으로 이러한 상황에 직면한다면 어떻게 대처하겠습니까?
- 당신 자신을 좀 더 의식하는 데 도움이 될 만한 것은 무엇인가요?

다음과 같은 연습을 제시하고 싶습니다. 당신이 자기 자신은 물론 사랑하는 사람들뿐만 아니라 '당신의 버튼을 누르는' 사람들까지 더 많이 받아들이고 공감하는 데 이 연습이 도움을 줄 것입니다. 원한다면 매일 5분씩 이 연습을 해도 좋습니다. 이 연습을 규칙적으로 할 것인지 여부를 결정하십시오. 이 연습을 하면 좀 더 나아질 것 같습니까? 마음이 한결 가벼워질 것 같은가요? 그렇다면 이 연습을 계속하십시오. 이 연습이 당신에게 많은 도움이 된다면 이를 활용할 수 있습니다. 이 연습은 '메타명상Metta-Meditation'이라고 부르며, 불교 전통에서 유래했습니다. 이는 주목을 위한 명상의 한 형태이며, 종교나 개인적 세계관과 상관없이 실행할 수 있습니다. 여기서 '메타'란 공감이나 자비와 같은 의미로서 깊은 애정과 착한 마음을 지니는 것입니다. 이 명상은 자기 자신에게 마음을 열도록 해 주고, 다른 사람들과 공감하며 그들을 더 많이 받아들일 수 있도록 도와줍니다. 이 명상은 힘든 상황에서도 평정을 유지하도록 해 줍니다. 그러면서 바람직한 해결책을 얻고 자신을 잘 펼치기 위해 마음을 더욱 열게 될 것입니다. 상처에서 벗어나는 길을 더 쉽게 찾는 데도 이 명상이 도움을 줄 수 있습니다. 우리는 그때그때 마주치는 상황에서 어떤 것이 도움이 되는지 알 수 있습니다. 외적으로는 어려울지라도 내적으로는 자신을 존중하기 때문입니다.

연습 .. 메타 명상

자리에 편안히 앉아서 자세를 똑바로 하십시오. 그리고 당신이 숨을 들이쉬고 내쉰다는 것을 인지하십시오. 숨결이 고르다고 느껴지면, 숨을 내쉴 때마다 다음의 다섯 문장을 순서대로 읽으십시오.

나는 행복하기를 원한다.
나는 건강하기를 원한다.
나는 안정감을 원한다.
나는 평화를 원한다.
나는 나 자신을 깊은 애정으로 돌보기를 원한다.

이 다섯 문장에 애정을 담아 부드럽게 읽으며, 그 소원들이 이루어질 때 당신에게 얼마나 유익할지 감지하십시오.

이 다섯 문장을 몇 차례 되풀이하여 읽으십시오. 그런 다음, 당신이 사랑하는 사람들에게 이 소원들이 이루어지기를 바라십시오. (가령 배우자가) 행복하기를 / 건강하기를 / 안정감을 / 평화를 / 자기 자신을 사랑하는 마음으로 돌보기를 원한다고 빌면 됩니다.

원한다면 이 연습을 확대하여 당신과 지금 갈등을 빚고 있는 사람들, 당신의 '버튼을 누른' 사람들에게 적용하십시오. (가령 직장 상사가) 행복하기를 / 건강하기를 / 안정감을 / 평화를 / 자기 자신을 사랑하는 마음으로 돌보기를 원한다고 빌면 됩니다.

이렇게 하면서 자기 자신은 물론 다른 사람들도 축복할 수 있다는 사실을 의식하십시오. '축복'이란 자기 자신과 다른 사람들에게 최상의 것을 바란다는 뜻입니다. 원한다면 이 연습을 다른 방식으로도 활용할 수 있습니다. 예컨대 일터나 어떤 건물에 들어가기 전에 그곳을 축복할 수 있습니다. 면담이나 중요한 만남에 앞서 이를 축복할 수 있습니다. 당신의 마음을 명확히 전할 수 있는 표현을 찾아내십시오. 이 연습이 당신을 얼마나 지지해 주는지 인지하십시오. 이때 몸의 반응에 주목하십시오. 느긋해졌다고 느낍니까? 더욱 자신감이 듭니까?

당신은 자신의 생각으로 씨앗을 뿌릴 수 있습니다. 그 씨앗은 풍성한 열매를 맺을 것입니다. 깊은 애정으로 좋은 씨앗을 뿌린다면 삶에서 사랑, 자비, 결속, 감사라는 열매를 더 많이 거둘 것입니다. 당신은 생각의 힘으로 행복한 삶을 일굴 수 있습니다. 원한다면 자기 자신과 다른 사람들에게 생각의 힘으로 사랑과 자비(메타)를 전하겠다고 늘 결심할 수 있습니다.

함께 사는 세상

'주변 세계'라는 용어는 우리의 세계관이 인간 중심적이라는 것을 드러냅니다. 그것은 다른 생명체를 우리 주변에 있는 존재로 여기는 것입니다. 그러나 물, 흙, 공기로 이루어진 자연과 그 안에서 살고 있는 모든 생명체는 우리의 주변에 있지 않습니다. 우리와 함께 살고 있습니다. 인간과 자연은 긴밀히 연결되어 살아갑니다. 사실 이 세상의 모든 존재는 서로 의지하고 있습니다. 인간과 자연은 함께 진화하는 동반자적인 관계입니다. 그리고 늘 위협받는 세상에서 운명을 같이하고 있습니다. 인간만이 중심에 있다는 생각은 더 이상 미래 지향적이지 않습니다. 자연에 주목하며 자연과 교류할 때, 인간과 자연이 긴밀히 연결되어 있고 서로 의존한다는 사실을 알 수 있습니다.

모든 생명체를 존중하고 이들과 깨어 있는 자세로 교류하는 것도 포괄적인 주목에 속합니다. 우리는 인간뿐만이 아니라 다른 생명체와도 깊은 관계를 맺을 수 있습니다. 인간은 자연에서 왔다가 다시 자연으로 돌아갑니다. 인간은 자연의 일부입니다. 우리는 언제든 밖으로 나가서 자연과 소통할 수 있습니다. 동물과 식물, 특정한 장소, 자연

풍광과 언제든지 교류할 수 있습니다. 우리는 자연의 아름다움을 만끽하며 이를 기쁨의 원천으로 인지합니다. 우리는 물, 불, 흙, 공기로부터 에너지를 받고, 이들이 우리에게 얼마나 큰 힘을 주는지 감지합니다. 자연은 그 풍요로움을 인간에게 내주며 우리가 다양하게 이용하도록 이끕니다. 특히 자연은 위대한 스승이기도 합니다. 우테 라텐도르프Ute Latendorf가 이를 시로 아름답게 표현했습니다.

자연에게서 삶을 배우네
- 「Fülle des Lebens」(충만한 삶, 2013)에서 발췌

해에게서 배우네
따뜻해지는 법을.
구름에게서 배우네
가볍게 떠다니는 법을.
바람에게서 배우네
자극을 주는 법을.
새들에게서 배우네
높이 오르는 법을.
나무에게서 배우네
꿋꿋이 서 있는 법을.
꽃들에게서 배우네

환히 밝히는 법을.

바위에게서 배우네

제자리에 있는 법을.

봄에 물오른 숲에게서 배우네

새로워지는 법을.

늦가을에 수북이 쌓인 낙엽에게서 배우네

떨어지는 법을.

폭풍우에게서 배우네

열정을.

비에게서 배우네

흘러가는 법을.

대지에게서 배우네

어머니 마음을.

달에게서 배우네

달라지는 법을.

별들에게서 배우네

수많은 사람들 가운데 한 사람이 되는 법을.

사계절에게서 배우네

삶은 늘 새로 시작된다는 것을.

자연을 접할 때 삶의 법칙을 좀 더 깊이 깨달을 수 있습니다. 자연의 리듬과 질서, 충만함과 아름다움은 인간의 본성에 관해서도 많은 것을 가르쳐 줍니다. 깨어 있고 열린 자세로 자연을 대할 때, 우리 자신을 감지하고 발견하며 우리 자신에게 초점을 맞추면서 참된 자아와 만날 수 있습니다.

자연은 우리를 주목하게 만드는 경이로운 스승입니다. 자연은 당신을 '지금, 여기'에 있게 합니다. 자아와 자신의 삶에 주의를 기울이지 않을 때, 자연은 이를 직접 깨닫게 해 줍니다. 자연은 당신의 행동에 따른 결과를 곧바로 통보합니다. 당신은 옷을 너무 얇게 입고 외출하면 추위에 떨게 됩니다. 늦은 시각에 밖에 나가면 밤늦게 집에 돌아올 것입니다. 몸을 충분히 단련하지 않은 채 높은 산에 오른다면 무척 힘들 것입니다. 산이 높다고 탓할 일이 아닙니다. 정도에 맞게 처신하는 것은 당신의 몫입니다. 자연은 우리에게 희생하라고 가르치지 않습니다. 우리에게 책임이 있다는 것을 알려 줄 뿐입니다. 어느 길로 갈지는 각자의 선택에 달렸고, 그 길을 어떻게 갈지도 각자의 책임에 따른 것입니다.

서양 의학의 아버지인 파라셀수스는 이런 명언을 남겼습니다. "자연을 거스르면 모두 병들게 된다." 자연을 역행하면 병을 부릅니다. 우리의 본성을 거스르는 것이기 때문입니다. 자연의 한 부분인 인간은 성장과 성숙, 생성과 소멸이라는 자연 법칙의 지배를 받습니다. 우리가 창조의 신비에 경외심을 지니고 그 안에 깃든 질서를 깨달을 때, 자신의 삶에도 주목하게 됩니다. 그러면서 우리가 서로 연결되어 있다는 것, 이 위대한 질서 안에서 극진한 대우를 받고 있다는 것을 알게 됩니다. 그리고 전체 안에 있는 내 자리를 인지할 수 있습니다. 자연은 생기, 다양성, 지속 가능성, 미래에 대한 희망을 알려 주는 위대한 스승입니다. 자연은 우리에게 주고받는 법, 뿌리고 거두는 법, 인과 관계를 가르쳐 줍니다. 씨앗을 뿌리지 않으면 거두지 못하는 법입니다. 우리가 뿌린 씨앗은 나중에 열매를 맺습니다. 씨앗 속에 이미 모든 가능성이 들어 있습니다. 숨겨진 것 안에서 근본적인 일이 이루어집니다. 씨앗을 뿌리고 자라도록 돌보려면 신뢰하는 자세가 필요합니다.

오늘날 대부분의 사람들은 자연과 가까이 살지 않고 자연 속에서 일하지도 않습니다. 때문에 다른 생명체들과 자연스럽게 연결된 관계가 점점 더 상실되고 있습니다. 어린아이처럼 창조의 크고 작은 신비를 인지하고 경탄하면서 자연을 재발견할 때, 삶에 더 주목하고 깨어 있는 자세로 살 수 있습니다. 우리가 자연 속에서 아름다움을 발견할 때, 자신의 삶에서도 아름다움을 길어 올릴 수 있습니다. 우리에게 맡겨진 자연의 모든 것과 주의 깊게 교류할 때, 자연에 깃든 삶의 지혜도 다시 새롭게 발견되게 됩니다. 모든 생명체와 만나면서 자신이 어떻게 살아야 하는지, 자신의 삶을 어떻게 펼칠 수 있는지 깨달을 수 있습니다. 자신의 삶을 펼친다는 것은 생기 있게 산다는 뜻입니다. 슈바이처Albert Schweitzer는 이를 다음과 같이 표현했습니다. "살고자 하는 모든 생명체 가운데에서 나도 내 삶을 살겠다."

당신이 어떤 방식으로 자연과 깊이 교감할 수 있는지, 그리고 이것이 당신의 삶에 어떤 이로움을 가져다줄지 다음 연습을 통해 알 수 있을 것입니다. 물론 자연을 깨어 있는 자세로 새롭게 대하는 방법은 매우 다양합니다. 당신에게 맞는 방법을 찾아내고, 이것이 당신에게 얼마나 이로운지 감지하십시오.

연습 . . 나무와 대화하기

밖에 나가 자연 속으로 향하도록 당신을 초대합니다. 서둘지 말고 천천히 나가십시오. 숲에 가서 큰 나무를 찾으십시오. 그 나무를 마치 친구처럼 느끼십시오. 나무 앞에 서서 어떤 느낌이 드는지 주목하십시오. 원한다면 나무에 몸을 기대 보십시오. 어떤 느낌이 듭니까? 그 나무와 대화할 수 있다고 상상하십시오. 나무에게 인사를 건네십시오. 나무에게 무슨 말을 하고 싶습니까? 지금 당신의 마음에 들어 있는 것은 무엇입니까? 나무에게 무엇을 묻고 싶습니까?

이번엔 말없이 조용히 머무르십시오. 나무가 침묵을 통해 당신에게 무슨 말을 하는지 인지하십시오. 나무가 당신에게 전하는 삶의 메시지는 무엇입니까? 귀를 기울이며 지금 이 순간에 집중하십시오. 나무에게 감사의 인사를 전하고 작별하십시오. 그리고 원한다면 안아도 좋은지 나무에게 동의를 구하십시오.

4장
영적 차원

전체 안에 있는 내 자리

살아가면서 우리는 좋은 자리를 원합니다. 또 어딘가에 속하기를 바랍니다. 우리는 사람들에게, 공동체에, 특정한 장소에 소속되고 싶어 합니다. 그리고 소속감을 통해 자신의 정체성을 구축합니다. 수많은 연구에 따르면, 자신이 소외되거나 내몰렸다고 느낄 때 신체적·정신적으로 큰 고통을 받는다고 합니다. 이와 반대로 자신이 신뢰와 지지를 얻는다는 느낌이 들 때 큰 행복감을 맛봅니다. 이렇듯 인간은 신뢰와 지지를 얻는다는 느낌을 세 가지 형태로 확인받고 싶어 합니다.

첫째, 우리는 내면에 뿌리를 내리며 자기 자신을 신뢰할 수 있습니다. 둘째, 우리는 다른 사람들을 신뢰할 수 있습니다. 우리는 다른 사람들을 돌보고 배려하는 가운데 서로 연결되어 있습니다. 그들을 신뢰할 수 있으며 마음속에 받아들입니다. 셋째, 우리는 삶을 신뢰하기를 갈망합니다. '더 큰 전체'를 신뢰하고 싶어 합니다. 우리가 이 세 가지 신뢰를 구축한다면, 이는 마치 다리가 셋인 의자와도 같을 것입니다. 비록 다리는 셋이지만, 이 의자는 매우 견고함을 보여 줍니다. 이 의자처럼 우리도 신뢰와 지지를 얻는 체험을 할 수 있습니다.

우리는 누구나 그러한 체험을 할 수 있습니다. 자기 자신을 뛰어넘을 수 있다는 것은 우리가 지닌 영적 능력의 한 가지 특성입니다. 다른 사람들을 신뢰하는 것, '더 큰 전체'를 바라보고 느끼는 것은 자기 자신에게서 눈을 돌려야 비로소 가능해집니다. 시선이 자기 자신에게

만 고정되어 있다면, 다른 사람들에게 줄 수 있는 것은 생각하지 않고 자신이 고수하거나 잃어버릴 것만 생각한다면 '작은 에고^{ego}'를 넘어 성장하기 어렵습니다. 자기 자신을 뛰어넘어야 '더 큰 전체'와 연결되어 살 수 있습니다. 우리는 자기 자신뿐만 아니라 전체적인 모습도 볼 수 있습니다. 우리는 커다란 퍼즐의 일부이며 각 퍼즐 조각은 제자리에서 의미를 지닌다는 것을 깊이 이해할 수 있습니다.

퍼즐 조각들이 각각 유일하면서도 수많은 조각 가운데 하나이듯, 인간도 마찬가지입니다. 우리는 누구나 유일무이한 존재이면서 수많은 사람들 가운데 한 사람입니다. 이 두 가지 사실을 시인할 때 우리는 성장하고, 전체 안에서 자기 자신과 자신의 자리를 잘 받아들일 수 있습니다.

'전체'를 체험해야 세상에서 자신만이 유일한 존재가 아니라는 사실을 깨닫게 됩니다. 우리는 다른 사람들로부터 떨어져 나갈 수 없습니다. 우리의 자리도, 고유한 임무도 전체 안에서 존재합니다. 이렇듯 우리는 모든 사람은 물론 모든 것과 연결되어 있습니다.

특히 사랑을 주고받는 체험은 우리가 다른 사람들과 보이지 않는 끈으로 연결되어 있는 것처럼 느끼게 합니다. 당신도 자신의 다양한 경험에 비추어 이 사랑의 끈으로 연결되었다는 것을 의식하십시오. 다음 연습은 당신이 사랑할 수 있다는 것, 다른 사람들과 결속되었다는 것을 깨닫게 해 줄 것입니다.

연 습 . . 내 겐 사 랑 할 능 력 이 있 다

자리에 편안히 앉아서 자세를 똑바로 하십시오. 앉은 자리가 편안하다는 것에 주목하십시오. 의식하면서 숨을 들이쉬고 내쉬십시오. 숨소리에 귀를 기울이십시오. 몸의 긴장을 푸십시오. 그리고 눈을 감으십시오.

내면의 눈으로 가장 사랑하는 사람을 그려 보십시오. 당신이 사랑과 소속감을 특히 강하게 느꼈던 순간을 떠올리십시오. 사랑하는 사람에게서 느꼈던 뜨거운 마음을 감지하십시오. 원한다면 마음속에서 빛이 점점 밝아지고 있다고 상상하십시오. 그 빛의 밝기와 열기를 생생하게 감지하십시오. 그리고 이를 즐기십시오.

밝고 뜨거운 사랑의 감정을 당신에게 보내십시오. 사랑의 빛이 당신의 마음을 얼마나 뜨겁게 하는지, 당신의 몸속에서 어떻게 번져 가는지 감지하십시오. 이제 사랑의 밝기와 열기가 당신의 몸에서 빠져나오게 하십시오. 그리고 사랑과 소속감의 빛을 당신과 가까운 사람에게 보내십시오.

원한다면 이 빛을 친구, 친척, 지인들을 비롯해 당신과 연결된 모든 존재에게 보내십시오. 그리고 당신이 '더 큰 전체'와 어떻게 연결되었는지 감지하십시오.

다시 자기 자신에게로 돌아와 눈을 뜨면서 연습을 끝내십시오.

연결

영성이 건강에 미치는 영향을 연구한 보고에 의하면, 병에 걸렸거나 위기를 맞았을 때 그것이 중요한 자원으로 활용될 수 있는 것으로 나타났습니다. 이에 대한 마법의 용어는 '연결'입니다. '연결'은 우주에서 나 홀로 있지 않다는 것을 의미합니다. 연결은 소속감이나 일치와도 통합니다. 자신이 다른 사람들과 연결되어 있다는 것을 확신한다면, 병에 걸리거나 위기를 맞았을 때 이를 잘 넘길 수 있습니다. 자신이 마치 그물처럼 촘촘히 다른 사람들과 연결되어 있고 그들에게서 지지를 받는다고 여길 수 있기 때문입니다.

50대 중반에 장암에 걸렸던 한 여성 환자는 자신의 체험을 이렇게 회고합니다. "모든 것을 내려놓고 하느님의 뜻에 맡길 준비를 했을 때 비로소 제가 영원과 가까이 있다는 생각이 들었습니다. 그렇게 하느님은 제 곁에 계셨고 저를 사랑하신다고 느꼈지요. 지금까지 한 번도 겪어 본 적이 없는 일이었습니다. 이 체험을 저는 지금까지도 마음 깊이 간직하고 있어요. 하느님 사랑이 제 안에서 타올랐고 지금도 그렇습니다. 이제는 그 사랑을 다른 사람들에게 전하고 싶어요."

다음 이야기는 거미줄의 도움으로 위기에서 벗어난 것을 묘사한 내용인데, 연결의 힘이 아름답게 표현되어 있습니다. 여기서는 거미줄에 걸려든 것이 오히려 반전의 기회가 됩니다. 작은 거미가 힘센 동물이 된 까닭은, 자신에게 일어난 일을 거부하지 않고 맞아들였기 때문입니다.

이야기 . . 거미가 주는 메시지

아메리칸 인디언인 샤이엔Cheyenne 족은 백인들의 습격을 빈번히 받으면서 상황이 점점 더 위태로워졌다. 그래서 그들은 어떻게 하면 좋겠냐고 원로들에게 물었다. 원로들이 정령精靈에게 기도한 결과, 이런 답을 받았다. 세상에서 가장 힘센 동물을 찾아낼 사람을 뽑아야 한다는 것이었다. 그들은 추장을 적임자로 뽑았다. 그리하여 추장은 부족을 사랑하는 마음과 열정으로 가득 차서 먼 길을 떠났다.

그는 곧 커다란 발자국을 발견하고 그 뒤를 쫓았다. 발자국을 따라 이웃 영토로 들어갔다. 숲으로 추적해 들어가면서 마침내 발자국의 주인이 사슴이란 것을 알아냈다. 그런데 지금 그는 모든 것을 잊은 채 땅만 바라보고 있다. 큰 거미줄에 걸려 꼼짝 못하게 된 것이다. 발자국을 쫓느라 거미줄을 피하지 못한 탓이었다. 그는 앞으로 넘어지면서 화가 잔뜩 났다. 또 창피하기도 했다. 위를 바라보니 거미가 내려다보고 있었다. "이보게, 어찌하여 그렇게 골이 났는가?" 거미가 묻자, 추장이 대답했다. "네가 내 길을 막았기 때문이다. 나는 내 부족을 구해 줄 힘센 동물을 찾아야 한다." 거미가 다시 물었다. "네 부족을 구하는 일에 내가 도와주지 못할 이유라도 있는가?" 이 말을 듣고 추장이 대답했다. "너는 한낱 작은 동물에 불과한데, 어떻게 우리를 도와줄 수 있겠는가?" 거미가 진지하게 말했다. "나는 이렇게 앉아 있지만, 모든 것은 나에게서 나온다. 이는 분명한 사실이다. 나는 내 힘을 너희를 도와주는 데 사용할 수 있다." 추장은 곰곰이 생각하더니 함께 가 줄 수 있겠냐고 거미에게 정중히 물었다. 그리하여 추장은 세상에서 가장 힘센 동물로 거미를 데리고 돌아왔다.

거미가 사람들에게 가르쳐 준 것이 있다. 자신에게 일어난 일을 거부하지 않고 맞아들이는 법이다. 거미는 또한 사람들이 다시 순간의 힘을 발견하도록 일깨워 주었다. 그 다음 단계는 침묵, 아무것도 하지 않는 데서 시작된다.

우리도 여러 방향으로 향한 실들을 연결하는 능력을 지니고 있습니다. 위로는 더 지고한 영적 존재인 하느님과 연결될 수 있고, 옆으로는 자연을 비롯하여 다른 사람들과 연결될 수 있습니다. 그리고 아래로는 조상들의 세계와 연결될 수 있습니다.

우리는 지금까지 살아오면서 이미 여러 방향으로 실을 자았습니다. 그중엔 가느다란 실도 있고 굵은 실도 있습니다. 당신이 종교를 믿지 않더라도, 당신은 영적 존재입니다. 우리 안에는 자신을 뛰어넘는 능력, 자기를 넘어 다른 존재와 연결하는 능력이 숨어 있습니다. 생명이 유지되는 것은 우리에게 호흡하는 능력이 있기 때문입니다. 그러나 우리에게는 자기 자신을 뛰어넘어 다른 존재와 연결되는 능력도 있습니다.

당신도 살아오면서 이 능력을 이미 감지하고 이용했다는 것을 의식하십시오. 상실이나 이별, 죽음으로 인해 무언가가 단절되면 우리는 스스로를 지탱해 줄 수 있는 그 무엇과 본능적으로 연결하려고 합니다.

위로 향한 실을 '더 지고한 존재와 연결해 주는 매체'라고 부르겠습니다. 우리는 이 존재를 하느님이라고 부르거나 단순히 '더 높은 위력'이라고 표현하기도 합니다. 익명의 자조_{自助} 그룹의 전통에 따르면, 이러한 연결 매체를 "내가 아는 하느님" 혹은 "내게 보여 주시는 하느님"이라고 부릅니다.

위로 향한 실을 자신이 하느님과 연결되어 있는 것으로 체험하는 사람들이 많습니다. 그들은 이 신적 존재와 통교하고 기도하면서 위로와 감사를 체험하고 안정감을 얻습니다.

주목을 위한 물음

- '위로 향한' 실로 당신은 어떤 체험을 했습니까?
- '위로 향한' 연결이 어떤 점에서 당신에게 도움이 되었습니까?
- 어린 시절에는 이러한 연결을 어떻게 체험했습니까? 젊었을 때는 어떤 체험을 했나요? 오늘날에는 어떻습니까?
- 이 실을 더 견고하게 만들고 싶은 마음이 있습니까? 그렇다면 어떤 것이 당신에게 도움이 될 수 있을까요?

옆으로 향한 실은 우리가 사회와 연결되어 있다는 것을 상징합니다.

나아가 우리가 자연과, 온 우주와 연결되어 있다는 것도 상징합니다. 우리는 다른 사람들과 연결되어 있는 체험을 합니다. 이는 특히 우리가 마음을 열고 서로 신뢰하며 배려하는 모습을 통해 알 수 있습니다. 사랑하고 사랑받는 체험을 통해 서로 연결되어 있다는 믿음이 더욱 단단해집니다.

우리는 지금까지 살아오면서 서로 연결되어 있다는 체험을 했습니다. 나는 개인적으로 그런 체험을 한 것을 큰 행복으로 여깁니다. 특별한 사람과 만나면서 우리가 연결되어 있음을 알게 되고, 서로 진심으로 결속되어 있다는 체험을 하게 됩니다. 서로 진정한 관계가 이루어지는 순간, 삶은 더 충만해지고 기쁨이 배가됩니다. 인간에게는 근본적으로 관계를 이룰 능력이 있습니다. 이를 두고 고대 그리스의 철학자인 아리스토텔레스가 표현하기를, 인간은 사회적 존재라고 했습니다. 유다계 종교철학자인 마르틴 부버Martin Buber는 이렇게 말합니다. "나는 너를 통해 내가 된다." 서로 결속되기를 바라는 마음은, 인간이 본디 약하고 불완전한 존재임을 드러내는 것입니다. 다른 사람들과 연결되지 않은 채 혼자 힘으로는 살 수 없다는 것을 뜻합니다.

그러므로 우리가 지금까지 살아오면서 어떤 사람들과 연결되었는지, 지금도 연결되어 있는지 이따금 떠올리는 것은 바람직한 일입니다.

내가 아는 한 여성은 50세 생일을 맞이하여 자신이 살아오면서 함께한 사람들을 떠올리는 데 특별히 많은 시간을 보냈다고 합니다. 그녀는 생일을 준비하면서 몇 주 동안 자신에게 거듭 물었습니다. '지금까지 나와 함께한 사람들은 누구인가? 나와 연결된 사람들은 누구인가? 나는 누구에게 특별히 감사하는가?' 그런 다음, 카드에 자신과 함께했던 사람들의 이름을 적거나 그들에게 어떤 상징을 달았습니다. 그리고 생일이 되자, 이 카드들과 상징을 집 안 곳곳에 매달아 놓았습니다. 몇 년 뒤, 그녀는 환한 얼굴로 이렇게 말했습니다. 50세 생일을 계기로 크게 감사하는 마음이 생기면서 인간관계를 새롭게 되돌아보았고, 자신의 삶이 얼마나 풍요로운지 깨달았다고 말입니다.

주목을 위한 물음

- 시간을 충분히 내어 당신이 살아오면서 맺은 관계가 얼마나 풍요로운지 돌아보길 바랍니다. 자신에게 물으십시오. '살아오면서 짧게 혹은 긴 세월 동안 나와 함께한 사람들은 누구인가? 내가 태어났을 때는 누가 곁에 있었는가? 어린 시절에는 누가 나를 돌보아 주었는가? 청소년기에 내게 중대한 영향을 끼친 사람들은 누구인가?
- 당신은 지금 어떤 사람들과 연결되어 있습니까? 배우자, 자녀, 친구, 친척, 지인, 이웃, 직장 동료입니까? 그들을 통해서 배운 점은 무엇인가요? 특별히 어떤 경험을 했습니까? 그 경험에 대해 감사한 마음을 지니고 있습니까? 당신은 어떤 방식으로 이 사람들과 연결되어 있다고 생각합니까?

인간관계 외에도 우리는 자연과, 우주와 깊이 연결될 수 있습니다. 소련의 지도자였던 미하일 고르바초프Mikhail Sergeyevich Gorbachyev는 평생 자연과 깊이 교감했습니다. "저는 우주를 믿습니다. 우리는 누구나 우주와 연결되어 있습니다. 해를 보십시오. 해가 없었다면, 우리도 존재할 수 없었을 것입니다. 해는 저의 하느님입니다. 저에게는 자연이 성스럽습니다. 나무는 저의 성전이고, 숲은 저의 대성전입니다."

자연과 깊이 교감하고 자연 속에서 우주와 일치하는 체험을 한다고 많은 사람들이 내게 이야기합니다. 예컨대 산 정상에 오르면 하늘과, 신적인 것과 더 가까이 있음을 느낀다고 합니다. 이를 표현하는 속담이 있습니다. "하느님께 이르는 길은 많다. 그 가운데 하나는 산을 오르는 것이다."

자신이 동식물이나 특별한 장소와 연결되어 있다고 느낄 때, 이것이 우리에게 힘과 희망과 삶의 의미를 줄 수 있습니다. 삶이 의미를 지니는 까닭은, 각 존재마다 고유한 삶을 살기 때문입니다. 내가 정원을 가꾸고 정원에 대한 책임을 느끼는 것도 삶에 의미를 줄 수 있습니다. 자살 위기를 겪은 사람들이 동물을 키우면서 살아갈 힘을 얻었다는 말을 자주 듣습니다. "늙은 개를 돌보는 한, 저는 자신에게 아무 짓도 하지 않을 것입니다." 이 말을 달리 표현하면, 나는 내 개와 연결되어 있으므로 살아갈 의미가 있다는 뜻입니다.

가령 소중한 사람을 잃은 아픔 때문에 홀로 내버려졌다고 느낀다면, 자연과 연결됨으로써 자신을 지탱하고 슬픔도 견뎌 낼 수 있습니다.

당신도 자연과 깊이 교감하는 능력을 지녔다는 것, 그리고 이미 자신을 위해 이 능력을 여러 번 이용했다는 것에 주목하길 바랍니다. 당신에게 이러한 능력이 있다는 것을 의식하면 할수록, 이를 좋을 때나 나쁠 때나 더 잘 이용할 수 있습니다. 가능하면 시간을 내어 자연과 교감할 수 있도록 애쓰십시오. 당신은 동물이나 식물, 특별한 장소와 어떻게 연결되어 있습니까? 그리하여 어떤 체험을 했습니까?

내가 어렸을 때 가장 친한 친구가 사고로 세상을 떠났습니다. 그 뒤로 나는 자연 속에 있는 '특별한 장소'를 찾아 거기서 위로를 얻고 슬픔을 이겨 낼 수 있었습니다. 내가 자란 동네 어귀에는 작은 숲이 있었습니다. 나는 이곳을 자주 찾았습니다. 숲속의 '특별한 장소'에 앉아 있으면서 큰 위로를 받았습니다. 우리는 어릴 때 이미 자연의 '특별한 장소'가 힘의 원천이 되는 체험을 했습니다. 나는 어른이 되어서도 집을 옮길 때마다 근처에 '힘을 주는 장소'가 있는지 찾아다녔습니다. 그리고 필요할 때마다 그곳에 갔습니다. '힘을 주는 장소'는 우리가 갈 때마다 위로를 주는 곳, 우리를 지지하며 강하게 해 주는 곳입니다.

연 습 . . '힘을   주 는   장 소'
자연 속에서 자신에게 '힘을 주는 장소'를 찾아내길 바랍니다. 당신이 언제든 갈 수 있는 곳이 이상적이겠지요. 당신이 그곳에 갈 때마다 달라진 점이 있는지 살펴보십시오. 그 장소가 늘 그대로 있는지, 끊임없이 변하고 있는지 인지하십시오. 당신이 그 장소에서 인지할 수 있다는 것, 보고 냄새 맡고 맛보고 듣고 느낄 수 있다는 것을 의식하십시오. 원한다면 그곳을 '특별한 장소'로 이용할 수 있습니다. 그곳에 몸을 의탁하십시오. 당신에게 이롭게 작용하는 한, 그곳에 조용히 머무르십시오. 몸을 납작 엎드린다면, 당신이 그곳과 깊이 연결되어 있음을 확신할 수 있을 것입니다. 그곳에 몸을 의탁하십시오. 그곳이 당신에게 어떤 힘을 주는지 감지하십시오. 예컨대 거기서 신뢰, 인내, 안정감을 체험할 수 있습니다.

끝으로, 아래로 향한 실에 관해 언급하고 싶습니다. 이는 우리가 조상과 결속되어 있다는 것을 의미합니다. 우리는 조상을 비롯해 우리에게 중요한 사람들과 죽음을 뛰어넘어서 연결되어 있습니다.

나와 막역한 친구는 자신이 돌아가신 조부모님과 연결되어 있다는 것에서 많은 위로와 힘과 신뢰를 얻는 체험을 하고 있습니다. 밤이면 밖에 나가 산책하면서 별이 총총한 하늘을 바라보며 돌아가신 조부모님과 대화를 나눈다고 합니다.

원한다면 (별들이 반짝이는 밤하늘을 바라보면서) 다음 물음들을 자신에게 던져 보십시오.

주 목 을   위 한   물 음

- 당신은 조상 가운데 어떤 분들과 연결되어 있다고 느낍니까? 어떤 감사의 마음이 듭니까?

- 당신이 깊이 연결되어 있다고 느끼는 조상은 지금 당신에게 어떤 의미를 지니고 있습니까?
- 그밖에 세상을 떠난 사람들 가운데 어떤 이들과 자신이 연결되어 있다고 여깁니까?
- 당신은 어떤 값진 체험을 합니까? 그들을 생각할 때 어떤 체험을 하나요?

당신이 살아오면서 맺은 다양한 관계에 주목하고 이를 의식할 때, 당신의 삶이 충만하고 풍요롭다는 것을 더 잘 느낄 수 있습니다. 마음의 평정을 찾는 것을 비롯하여 힘과 신뢰를 얻는 체험도 도움이 될 것입니다.

삶은 값진 선물이다

내가 다음과 같이 평범한 체험을 한 것은 대략 여섯 살 때였습니다. 그로부터 30년이 지난 뒤에야 그 체험의 깊은 의미를 깨닫게 되었습니다.

우리 가족은 고모의 초대를 받고 출발했습니다. 가는 길에 자동차 안에서 부모님은 내가 어떻게 처신해야 하는지 단단히 주의를 주셨습니다. "어른들이 말씀하시면 태도를 단정히 하고 아무 말도 하지 말

거라. '걸인 같은' 모습을 보여선 안 된다." 뒤에 하신 말씀은 고모에게 군것질거리를 달라고 해선 안 된다는 뜻이었습니다. 고모는 당시 비교적 큰 식료품점을 운영하고 계셨습니다. 내가 '걸인 같은' 모습을 보이지 않으려고 아무리 노력해도, 가게 안에는 어린아이의 눈이 휘둥그레질 정도로 맛있는 것들이 즐비했습니다. 마침내 고모는 나와 단둘이 가게에 있게 되었을 때, 무엇이 먹고 싶으냐고 다정하게 물으셨습니다. 내가 아무 말도 하지 않자, 고모는 내가 결단을 내리지 못했다는 뜻으로 알아들으셨습니다. 그래서 원하는 것은 무엇이든 집으로라고 덧붙이셨습니다. 그 유혹은 뿌리칠 수 없을 만큼 대단히 강했습니다. 하지만 먹고 싶은 것을 말하면 부모님을 거역하는 것이 되고, 아무것도 먹고 싶지 않다고 말하는 것도 어린 내겐 너무나 가혹한 일이었습니다. 그래서 겨우 이렇게 대답했습니다. "잘 모르겠어요." 고모는 어깨를 으쓱하면서 대답하셨습니다. "그래? 안됐구나. 네가 무엇이 먹고 싶은지 모른다니, 아무것도 선물할 수 없겠구나."

고모가 통 크게 내놓은 맛있는 간식거리 앞에서 나는 간단히 "예."라고 말할 수 없었습니다. 잘 모르겠다는 말은 내 안에서 일어난 갈등의 표현이었습니다. 내 안에 있는 순진무구한 면이 그렇게 말하도록 이끌었을 것입니다. 이는 다시 말하면, 고모의 큰 선물 앞에서 기뻐한다는 뜻입니다. 그러나 부모님의 가르침을 통해 형성된 다른 면은 그것을 금했던 것입니다.

세월이 한참 흐른 뒤에야 깨달았습니다. 당시에 삶이 (고모의 형상으로 변장하여) 그렇게 따뜻한 말로 나를 어루만져 주려고 했다는 것을 말입니다. "나, 삶은 너에게 큰 선물을 주겠다. 나, 삶은 너를 풍요롭게 해 주겠다. 너는 내 선물을 받을 자격이 충분하다."

내가 자라면서 부모님의 가르침을 삶의 두 번째 신조로 삼지 않고 늘 긴장한 모습으로 살았다면 어떻게 되었을까요? 삶은 고달프고 비참한 것이니 선물로 여길 수 없다고 생각했을까요? 삶이 실제로 우리에게 주는 것은 무엇일까요? 삶은 근본적으로 우리가 긴장하고 수고해야 하는 것인가요? 아니면 핵심에 비추어 봤을 때 선물이 될까요? 삶을 단순히 선물로 받아들일 수는 없는 것은 우리 자신 때문이 아닌지요? 삶을 당연한 것으로 여길 수는 없을까요? 우리가 이 세상에 존재하는 것은 우리의 공적이 아닙니다. 온갖 놀라운 가능성을 지닌 우리의 몸은 선물로 받은 것입니다. 우리가 이 세상에 보내는 시간 또한 선물로 받은 것입니다. 하루하루가 새로운 선물입니다. 우리가 살면서 만나는 사람들 역시 선물로 받은 것입니다. 삶에서 우리가 이용하는 것은 모두 선물입니다. 열린 눈과 마음을 지닐 때, 날마다 새로운 선물을 많이 받는다는 것을 깨달을 수 있습니다. 간혹 실패로 여겨지는 것이 많을지라도, 삶은 우리에게 늘 새로운 가능성을 열어 주려고 합니다.

삶이 우리 각자에게 주는 메시지는 이렇습니다. "네가 이 세상에 있는 것은 좋은 일이다. 삶은 너에게 선물을 주고 싶다. 네가 특별한 업적을 이뤄서가 아니다. 네가 열심히 일하고 부지런해서도 아니다.

네가 훌륭하거나 학식이 많아서도 아니다. 네가 이 세상에 있기에 그런 것이다."

살아가면서 무언가가 선물로 주어질 때, 이 선물을 받을지 여부는 우리에게 달렸습니다. 그런데 선물을 단순히 받는 것이 쉽지 않은 경우도 많습니다. "나는 이 선물을 받을 자격이 없다. 저 선물을 받을 만한 가치도 없다."라고 여긴다면, 앞에 놓인 선물을 받기가 매우 어려울 것입니다. 어떤 선물일지 상상하거나 기대할 수도 없습니다. 또한 어떤 일이 내 상상대로 이루어져야 한다고 고집한다면, 이렇게 여길 것입니다. "나는 그 일을 다르게 구상하고 계획했어. 그 일은 내가 바란 것과 맞지 않아." 혹은 자신을 남들과 비교합니다. 그러면서 다른 사람들은 성공했는데, 자신은 실패했다고 여깁니다. 그러나 비교는 자기 자신을 더욱 초라하게 만들 뿐입니다. 결국 삶이 주는 선물을 나는 거부하고 맙니다.

여기서 내 친구의 가족에게 일어난 일을 소개하고 싶습니다. 두 살 터울의 두 아들에 관한 이야기입니다. 어느 날 큰아들은 자전거를, 작은아들은 세발자전거를 선물로 받았습니다. 그런데 작은아들은 선물이 마음에 들지 않았습니다. 형이 자기보다 더 멋진 선물을 받았다고 생각한 것입니다. 얼마 후, 큰아들은 입학 선물로 책가방을 받았습니다. 작은아들도 유치원 입학 기념으로 어깨에 메는 작은 가방을 선물로 받았습니다. 작은아들은 이번에도 선물이 마음에 들지 않았습니다. 결국 부당한 대우를 받고 있다고 느낀 작은아들이 엄마에게 따졌습니다. "엄마가 저를 형만큼 사랑하신다면 제게도 책가방을 사 주세요." 두 아들을 똑같이 사랑하는 엄마는 큰 책가방이 작은아들의 등에 맞지 않을 뿐더러 유치원생의 가방으로도 어울리지 않는다는 것을 잘 알고 있었습니다. 엄마는 작은아들을 이해시키기 위해 온갖 노력을 기울였지만 별 소용이 없었습니다.

이 이야기를 우리에게 적용해 보면, 깨닫게 되는 점이 있습니다. 세상 일이 항상 자신의 상상이나 바람대로 이루어지진 않는다는 것입니다. 그러나 삶은 우리에게 (마치 아이들을 돌보는 엄마처럼) 선물을 줍니다. 비록 우리가 원하는 것은 아니지만, 우리에게 실제로 필요한 것을 줍니다. 하지만 뒤를 돌아보아야 비로소 깨닫는 경우가 적지 않습니다. 그때 당시 자신이 바란 것은 이루어지지 않았지만, 다른 그 무엇이 이루어졌다는 것을 나중에야 알게 되는 것입니다.

우리는 선물의 내용은 알려고 하지 않은 채 포장만 볼 때가 많습니다. 혹은 선물의 가치를 잘못 평가하면서(물질에 치중함) 자신이 부당한 대우를 받는다고 여깁니다. 그런데 정작 중요한 것은 따로 있습니다. 우리가 선물한 이의 의도를 이해하는 법을 배워야 한다는 것입니다. 선물하는 이의 의도는 바로 사랑입니다. 사랑은 배려의 표현이며 우리에게 기쁨을 줍니다. 이를 이해하면, 열린 눈과 마음으로 삶의 선물을 더 쉽게 받아들일 수 있습니다. 그때서야 삶의 선물에는 좋은 의도가 숨어 있다는 것을 깨닫기 시작합니다.

연 습 . . 삶 의   선 물

당신이 삶을 선물로 받았다는 사실을 의식하길 바랍니다. 그럴 준비가 되었다면 이 연습을 해도 좋습니다. 이 연습은 삶이 선물임을 의식적으로 받아들인다는 것을 표현하는 것입니다.

똑바로 서서 호흡에 집중하십시오. 당신이 삶과 마주 서 있으며 삶에게(혹은 당신에게 삶을 선사한 어떤 대상에게) 감사의 인사를 전하려 한다고 상상하십시오. 양팔을 앞으로 모으고 아주 천천히 그리고 깊이 몸을 숙이십시오.

이렇게 앞을 향해 몸을 굽힌 자세로 잠시 머무십시오. 당신이 매우 값진 그 무엇을 선물로 받았으며 몸을 굽힌 동작으로 감사의 마음을 표현했다고 상상하십시오. 동시에 뭔가 해묵은 것, 당신에게 더 이상 필요하지 않은 무거운 짐을 당신의 등 뒤로 보낼 수 있습니다.

이어서 몸을 천천히 세우십시오. 원한다면 바르게 선 자세에서 양팔을 교차시켜 가슴 위에 대도 좋습니다. 이는 당신이 감사의 뜻으로 무언가를 받아들이려고 한다는 것을 표현한 것입니다. 똑바로 서 있으십시오. 당신의 삶은 값지고 당신은 품위 있는 존재임을 의식하십시오. 머리 위에 왕관을 썼다고 상상하십시오. 왕관은 당신의 품위를 상징합니다. 똑바로 서서 당신은 삶의 이 값진 선물을 받을 자격이 충분하다는 사실을 의식하십시오. 이 연습이 당신에게 이롭게 작용하는 한, 똑바른 자세로 그렇게 머무르십시오. 그런 다음에 이 연습을 마치십시오.

감사

선물을 받았을 때 감사하는 마음이 생기는 것은 자연스러운 현상입니다. 그러므로 자신의 삶을 선물로 여기는 이는 감사할 줄 아는 인간입니다. 감사할 줄 아는 인간은 또한 영적 인간입니다.

감사하는 마음은 생각에서 나옵니다. 우리는 감사를 통해 선물을 준 사람을 생각합니다. 그 사람은 나에게 호의를 품고 있기에 선물했을 것입니다. 감사할 줄 알 때 관계와 결속을 인지할 수 있습니다. 자신의 삶에 대해 감사할 때, 삶 전체를 선물로 여길 수 있습니다. "내가 존재한다."는 것은 의심할 여지없이 진실입니다. '그 무엇'이 나를 이 세상에 있게 했고, 나에게 세상을 선물로 주었습니다. 이에 대해 나는 감사해야 합니다.

우리가 감사를 표현할 기회는 항상 있습니다. 놀라운 방식으로 제 역할을 하는 몸에게 감사합니다. 특별한 사람과의 만남에 대해 감사합니다. 아침에 떠오르는 해에게 감사하고, 지저귀는 새에게 감사하며, 아름다운 풍광을 바라보면서 감사하는 마음이 듭니다. 감사는 우리가 주목하도록 이끌고, 더불어 현재에 충실하도록 이끕니다.

애타게 기다렸던 일이나 특정한 소원이 이루어져야 감사할 수 있다고 생각하는 사람들도 일부 있습니다. 그러나 이에 관해 연구한 보고에 따르면, 일상의 작은 일에 감사할 줄 아는 사람이 더 행복하고 다른 사람들과도 좋은 관계를 이루며, 그렇게 감사하는 마음을 지녔기에 더 만족한다고 합니다. 감사하는 마음을 지닐 때 기쁨과 행복을 누릴 수 있습니다. 감사하지 못하면 아무것도 누릴 수 없습니다. 감사할 줄 아는 것은 더 많은 기쁨과 만족을 퍼 올리는 샘과도 같습니다.

세네카Seneca는 이런 말을 남겼습니다. "내가 감사하는 까닭은 그 일이 유익을 주어서가 아니다. 그 일이 기쁨을 주기 때문이다."

감사할 때 진심으로 받아들일 수 있습니다. 그저 소비하는 것으로 그치지 않게 됩니다. 감사하는 마음으로 받아들일 때 지속적인 효과를 낼 수 있으며, 우리 자신도 영적으로 성장합니다. 그저 소비하기만 해서는 지속적인 영향을 미치기 어렵습니다. 감사란 우리가 좋게 체험하는 모든 것을 진심으로 받아들이고 그 진가를 인정한다는 뜻입니다. 감사는 우리가 충만을 인지하도록 이끕니다. 그리하여 겉보기에 작고 보잘것없는 것이 아주 크고 가치 있는 것이 될 수 있습니다. 감사하는 법을 연습할 때, '더 큰 그 무엇'을 인정하고 존중할 수 있습니다.

병이나 사고, 사랑하는 사람을 잃은 것처럼 감사하기 힘든 일이 생기더라도 자신에게 이렇게 질문을 던질 수 있습니다. '지금 이 일은 어떤 기회인가? 뭔가 새로운 것을 감행할 기회인가? 무언가를 배울 기회인가? 성장의 기회인가?' 자신에게 일어난 나쁜 일에 대해 감사하기 어렵더라도, 거기서 생긴 기회에 대해서는 감사할 수 있습니다. '이 기회는 무엇에 기여할까?' 이런 방식으로 자신에게 물을 때 창의력이 키워집니다. '무엇을 위해?'라는 물음은 앞을 향하고 해결책을 모색하는 것입니다. 이와 반대로 "왜 나에게 이런 일이 일어났는가?"

라고 묻는다면, 이는 후퇴하는 것입니다. 해결책을 찾는 게 아니라 원인이나 잘못을 찾는 것입니다.

고통이나 좌절 혹은 상실로 괴로워한다면, 자신에게 이렇게 묻는 것이 큰 도움이 될 수 있습니다. "그래도 감사할 것이 더 있지 않은가? 이 일이 내게 가르쳐 준 것은 무엇인가? 비록 관계는 깨졌지만, 좋은 것도 경험하지 않았는가? 지금 이 상황이 도약의 발판이 될 수 있을까?"

등굣길에 질주하는 차에 치여 하나뿐인 딸을 잃은 어머니는 이렇게 말했습니다. "2년 동안 이 끔찍한 사건을 놓고 싸웠습니다. 하지만 이제야 깨닫게 되었습니다. 그 사건이 제 시야를 넓혀 주고 적극적으로 살 기회를 주었다는 것을요. 그런 일이 발생할 수 있는 원인이 우리 사회에 있다는 것을 알게 되었습니다. 자신이 사회에서 내몰렸다고 느끼는 젊은이들이 어떻게 인정받을 수 있겠습니까? 그런 깨달음을 통해, 곤궁에 처한 젊은이들을 돕고 싶은 마음이 생겼습니다. 이에 대해 저는 감사할 수 있습니다. 그밖에도 제가 감사할 일이 많다는 것을 알게 되었습니다."

원망하고 거부하며 무언가를 오래 품고 있다면, 내적으로 피폐해질 위험이 따릅니다. 이는 우리 자신에게 독을 뿜는 것과 같습니다. 원한에 해당하는 영어 'resentment'는 해묵은 고통을 되풀이하여 느끼는 것입니다. 원한은 우리로 하여금 옛것에 착 달라붙게 만듭니다. 원한을 품은 채 과거에 갇혀 있다면, 활력과 에너지를 잃게 됩니다. 그러면 현재와 미래를 형성할 힘을 사용할 수 없습니다. 그러나 감사할 때 자신의 에너지를 현재에 쏟을 수 있습니다. 감사는 원한의 해독제입니다.

때로 우리는 운명을 탓하며 자신의 운명이 가혹하다고 말합니다. "운명"을 뜻하는 독일어 'Schicksal'은 "보내다"라는 뜻을 지닌 동사 'schicken'과 "건강한"이라는 뜻의 형용사 'sal'로 이루어진 단어입니다. 이렇게 볼 때, 운명은 우리가 건강(완전함, 구원됨)해지도록 무언가가 우리에게 보내진 것을 의미합니다. 그러나 우리의 운명은 극적인 사건에 대해 자신이 어떻게 반응하고 대답하느냐에 따라 달라집니다.

우리는 삶에서 일어나는 극적인 사건들을 흔히 우연으로 여깁니다. 그러나 우리에게 어떤 일이 우연히 일어났다면, 그 일은 이미 어딘가에서 구상된 것입니다.

인간은 누구나 '뇌 안경'을 쓰고 세상을 달리고 있다고 상상해 보십시오. '부족함의 안경'을 쓰고 있다면, 모든 것이 충분하지 않게 보일 것입니다. 그러나 '감사의 안경'을 쓴다면, 삶을 더 아름답고 충만한 것으로 볼 수 있습니다. 달라이 라마가 이를 매우 구체적으로 표현했습니다. "삶은 부족한 것이기도 하고 놀라운 것이기도 하다. 이렇게 두 가지로 보는 것은 우리의 생각에서 비롯된다."

다음 연습을 통해, 당신의 삶에서 날마다 놀랍고 아름다운 일이 일어난다는 데에 더 주목할 수 있을 것입니다. 원한다면 이 연습을 자주 하십시오. 그리고 삶을 바라보는 당신의 시각이 어떻게 달라지는지 주의 깊게 살펴보십시오.

연습 . . 감 사 의   일 기 장

감사에 관해 적을 수 있는 일기장을 마련하십시오. 가능하면 언제든 손에 들 수 있는 것으로 준비하십시오. 감사할 일이 생길 때마다 이 일기장에 적으십시오. 그러면서 당신의 삶에서 일어나는 좋은 일들에 주목하십시오. 당신은 그럴 만한 자격이 없다고 여기지만, 그렇지 않습니다. 좋은 일에 대해 감사하십시오. 좌절하거나 삶을 탓하게 될 때는 이 일기장을 읽으면서 그동안 자신에게 일어난 놀랍고 좋은 일들을 떠올리십시오. 상황이 좋을 때도 일기를 계속 쓰십시오. 당신이 방황하거나 용기와 희망이 절실하게 필요할 때 큰 힘이 될 것입니다.

침묵의 힘

감사와 마찬가지로 침묵도 큰 힘이 되고 눈에 보이지 않던 것을 보게 할 수 있습니다. 이 두 가지를 통해 신적 존재와 만날 수 있습니다.

인간의 내면에는 자기 자신보다 더 큰 존재가 있다고 근대의 철학자 라이프니츠Gottfried Wilhelm Leibniz가 말했습니다. 그는 이 존재를 '우주의 불꽃(섬광)'이라고 불렀습니다. 이를 두고 정신의학자인 융은 우리의 가장 중요한 과제인 자기화自己化의 길이라고 표현했습니다.

음에 따르면, 우리가 내면에서 신적 존재와 만날 때 비로소 자기 자신에게 이른다고 합니다. 그리스도교의 신비가들은 거룩한 내적 공간에 관해 말했습니다. 이곳은 근본적인 것을 건드리게 하는 우리의 내밀한 장소입니다. 살아가면서 자신이 내팽개쳐졌다는 느낌이 들고 일상의 짐에 짓눌린다고 여겨질 때, 우리 안에 '더 큰 존재'가 있다는 체험은 자신을 지탱하게 하고 든든한 힘이 될 수 있습니다.

이 내적 영역과 교류하려면 먼저 마음을 가라앉히고 침묵해야 합니다. 외적으로 침묵해야 내적으로도 침묵할 수 있습니다. 외적으로 침묵하는 공간은 우리로 하여금 내적으로도 침묵하게 하고 마음을 가라앉히며 자기 자신에게 이르도록 할 수 있습니다. 가장 중요한 것은 우리가 '내면의 지혜'와 늘 교류하는 일입니다. '내면의 지혜'에게 공간을 마련해 주는 법, '내면의 지혜'를 신뢰하는 법을 배울 때 주어진 삶에 자신을 더 수월하게 내맡길 수 있습니다. 침묵할 때 '내면의 지혜'가 하는 말을 마음의 귀로 들을 수 있습니다. 침묵할 때 우리에게 요청되는 것을 듣고, 우리가 하는 일을 바라보며, 우리의 마음을 움직이는 것을 감지할 수 있습니다. 침묵할 때 '운하'가 열립니다. 이 운하를 통해 자신의 갈망과 진심으로 생생하게 교류할 수 있습니다. 우리는 누구나 자기 자신, 자신의 본성을 감지하면서 살고 싶어 합니다. 침묵할 때 자기 자신과 만날 수 있고, 내적 쇄신이 일어날 수 있습니다. 침묵할 때 자신을 더 이상 쫓기는 존재가 아니라 받아들여지는 존재로서 체험하게 됩니다.

볼리비아 출신의 한 지인은 침묵하면서 자신이 깊게 체험한 것을 이렇게 말했습니다. "내가 아무리 독일에서 오랫동안 살았다 해도, 내가 인디오● 태생이라는 사실은 변함없습니다. 오랫동안 나 자신이 갈기갈기 찢긴 듯한 느낌이 들었습니다. 어디에도 속하지 못한 채 마치 이방인처럼 여겨졌습니다. 진정한 나 자신에게 이르고 싶었지만, 늘 쫓기듯 마음의 안정을 찾지 못했습니다. 그렇게 방황하다가 '마음의 여행'을 떠나기로 마음먹었습니다. 나는 자주 침묵했습니다. 그러면서 내가 영혼의 깊은 곳, 거룩한 치유의 공간에 들어선 듯했습니다. 나는 내가 누구인지 처음 알게 되었습니다. 나는 인디오(In-dios) 태생, 곧 '하느님 안에 있는 존재'임을 깨달았습니다. 그러나 나뿐만이 아니라 인간은 누구나 근본적으로 '하느님 안에 있는 존재'입니다. 이렇듯 심오한 영혼의 깊이를 깨닫게 되면서 내게도 변화가 찾아왔습니다. 이제는 전과 달리 사람들 가운데 있어도 마치 집에 있는 것처럼 편안한 마음이 듭니다. 이렇게 새로운 눈으로 세상을 바라보게 되면서 인간은 모두 한 가족이고 나도 여기에 속한다는 것을 알게 되었습니다."

자연 속에서 혼자 침묵하는 것이 내게는 큰 도움이 됩니다. 자연 속에서 보내는 침묵의 순간을 나는 영감의 원천으로 체험합니다. 자연의 아름다움은 항상 내 안에서 깊은 경외심과 경탄을 불러일으킵니

● Indio : 라틴 아메리카에 사는 인디언을 이르는 말. - 옮긴이 주

다. 경탄하는 것을 나는 경건함의 특별한 형태로 체험합니다. 경탄할 때 내면의 소리에 귀 기울일 수 있고, 내 안에서 휴식처를 발견할 수 있습니다. 특히 강가나 호숫가에 앉아 있는 것이 나에게는 큰 도움이 됩니다. 물을 바라보면서 내면의 안정을 쉽게 되찾을 수 있습니다. 물은 거친 돌을 매끄럽게 만듭니다. 물은 우리의 영혼도 갈고 닦을 수 있습니다. 흘러가는 물은 대단히 영적입니다.

연습 . . 호 수 상 상 하 기

바닥에 매트를 깔고 편안히 눕거나 침대 위에 누우십시오. 당신의 몸을 전체적으로 감지하십시오. 매트에 체중을 실으십시오. 그런 다음, 당신의 영혼이 깊은 호수라고 상상하십시오. 아름답고 청명한 날에는 잔잔한 호수 위에 파란 하늘과 두둥실 떠가는 구름이 비치고 있습니다. 폭풍우가 몰아쳐 호수의 표면이 거칠게 보이더라도, 그 깊은 곳은 고요하고 투명한 상태입니다. 당신의 영혼도 이와 마찬가지입니다. 부정적인 감정이나 생각 때문에 몹시 흔들리더라도, 당신의 영혼 깊은 곳은 고요하고 안정된 상태에 있습니다. 호수라는 이미지는 당신의 내면 깊은 곳에 늘 침묵의 장소, 안정감을 주는 장소가 있다는 것을 상기시켜 줍니다.

당신이 침묵할 만한 장소를 찾으십시오. 짧은 침묵의 순간도 소중히 여기십시오. 날마다 잠시 의식적으로 침묵하는 것도 바람직한 방법입니다. 우리는 거의 언제나 잠시 동안 마음의 안정을 찾을 수 있습니다. 작은 결단이 큰 효과를 냅니다. 원한다면 명상할 만한 공간을 마련하십시오. 조깅같이 단순한 운동을 한 뒤에 내적으로 침묵하는 방법이 도움이 된다고 말하는 사람들도 많습니다.

침묵할 때, 날마다 자신에게 일어나는 많은 일을 소화할 수 있습니다. 여기서 소화란 자신에게 이로운 것은 받아들이고, 더 이상 필요하지 않은 것은 내려놓는다는 뜻입니다. 시간을 내어 하루 동안 일어난 일들을 침묵 안에서 소화시키지 않는다면, 많은 일들이 낯선 물체처럼 '위 속에' 쌓일 것입니다.

조용히 귀를 기울일 때, 예전에 미처 듣지 못했던 것을 들을 수 있습니다. 바로 여기서 다음 행보를 감행할 힘이 자라납니다. 우리는 자신의 잠재된 창의력과 교류할 수 있습니다. 마음을 모으고 침묵할 때, 다시 새롭게 자기 자신에게로 향할 수 있으며 창의력을 발휘할 수 있습니다.

다음에 소개하는 글은 이탈리아 쥐트티롤Südtirol 출신의 동료인 페터 파울 니더엑거Peter Paul Niederegger가 쓴 것으로, 침묵에 관해 아름답게 묘사하고 있습니다. "'숨'이 잠시 외출했다. 그러자 '침묵'이 매우 인상적이면서도 명확하게 말하기 시작했다. 그 순간, 들리지 않던 것이 들리고 보이지 않던 것이 보이게 되었다. 그토록 갈망하던 소리가 반향하면서 감지할 수도 있게 되었다. 앞으로 살아갈 날들의 의미와 목표가 무엇이냐는 물음에 '언어'가 대답했다. 모든 것은 있는 그대로 좋다. 그리고 모든 것은 전체와 조화를 이루고 있다. 전체 안에서 각 부분들은 생성의 원천으로서 서로 제약을 받으면서도 유지된다. 추위와 더위, 어둠과 빛, 부족함과 충만함이 그렇다. 떨어질지도 모른다는 두려움이 하늘을 나는 기쁨이 되고, 힘들고 어려운 것이 가벼워진다. 우주 안에 살짝 내비치는 신적 미소는 천상의 존재를 표현한 것이다."

열정

"영성"을 뜻하는 독일어 'Spiritualität'는 라틴어 'spiritus'에서 파생되었습니다. 이 단어는 "바람과 숨"을 비롯해 "정신, 영, 열정, 감성" 등 여러 가지 의미를 담고 있습니다.

  이 단어의 동사형인 'spiro'는 "바람이 불다, 숨 쉬다, 살다"라는 뜻이지만 "충만하다, 영감을 받다"라는 뜻도 있습니다. 그러므로 '영성'은 본디 삶과 정신세계가 연관되어 있음을 강조하는 말입니다. 영성은 고도의 생명력을 의미합니다. 자기 자신을 가장 생기 있게 느낄 때 영성이 싹틉니다. 어떤 일에 크게 감동하거나 열정과 관심을 지닐 때, 기쁨이나 무아지경을 맛볼 때 특히 생기를 느낄 수 있습니다.

  그리스도교 영성에서는 열정과 무아지경을 이렇게 이해합니다. 즉, 신적인 것이 성령을 통해 상징적으로 표현되었다고 봅니다. 그리고 성령 강림이 일어난 때를 교회가 탄생한 순간으로 여깁니다. 성령 강림은 언어나 출신에 상관없이 인간은 서로 결속되어 있고 서로 이해하며 깊은 일치를 이룬다는 것을 보여 주었습니다. 영적 체험을 위해 외적으로 거룩한 공간이 반드시 필요한 것은 아닙니다. 가장 중요한 필수 요소는 '너', 어떤 구체적 대상입니다. '영'은 우리 자신만을 위해 지니고 있는 것이 아니라, 우리 가운데 태동하는 그 무엇입니다. 우리는 공동의 영적 체험을 통해 서로 연결되어 있는 체험을 합니다. 만남을 통해 서로 격려하고 새롭게 강화된 듯한 느낌을 지니며 구체적인 체험을 할 수 있습니다.

기쁨과 활력을 증진시키기 위해 우리는 서로 필요한 존재입니다. 혼자서는 자기 자신을 웃게 할 수도, 기분을 좋게 만들 수도 없습니다. 자신에게 재미있는 이야기를 할 수도 없습니다. 그러므로 우리는 서로 필요한 존재입니다. 늘 용기를 주기 위해 우리는 서로 필요한 존재입니다. 그러려면 중요한 것이 있습니다. 좋은 영, 유익한 영을 지니기 위해 노력하는 일입니다. 잠시 시간을 내어 당신 자신에게 다음 물음들을 던져 보십시오.

주목을 위한 물음

- '영성', '활력', '열정'은 나에게 무슨 의미를 지닙니까?
- 어디에서 나 자신을 가장 생기 있게 느낍니까?
- 나는 무엇을 위해 열정을 지닐 수 있습니까?
- 나는 무엇에 대해 진심으로 기뻐할 수 있습니까?

- 나는 어떤 만남에서 격려를 받은 느낌이 듭니까? 이러한 만남에서 내게 이롭게 작용한 것은 정확히 무엇인가요?
- 나는 어떤 상황에서 다른 사람들에게 용기와 희망, 신뢰를 불어넣을 수 있습니까?
- 나는 어떤 사람들과 좋은 영으로 연결되어 있습니까?

중세의 저명한 교회학자인 토마스 아퀴나스는 삶에서 누리는 기쁨과 우리 자신의 (영적) 건강이 긴밀하게 연관되어 있다고 규명했습니다. "건강은 삶에 대한 기쁨을 증가시킨다."

살면서 당신에게 큰 기쁨을 주는 것을 늘 따라가도록 용기를 내십시오. 기쁨의 자취를 따라가고, 어떤 일에 대해 올바른 열정을 지니는 능력을 키우십시오.

신경학자인 게랄트 휘터도 같은 방향을 제시합니다. 뇌를 발전시키고 우리 자신을 펼치기 위해서는 무언가에 대해 기뻐하는 능력, 무언가에 열정을 쏟는 능력이 중요하다고 합니다. 인간의 뇌는 평생 새롭게 배우는 능력을 지니고 있습니다. 먼저 새롭게 배워야 성숙해지고 계속 발전할 수 있습니다. 어떤 일에 열정을 지닐 때, 인간의 뇌는 특히 더 많이 배웁니다. 열정은 뇌에 마치 비료처럼 작용합니다. 신경에 이로운 소재들을 쏟아붓기 때문입니다. 피부로 체험하는 것을 통해, 인간의 정서적 체험을 담당하는 기관인 대뇌의 변연엽이 활성화됩니다. 이로 인해 우리는 나이가 들어서도 지속적으로 깊게 무언가를 배울 수 있습니다.

다음에 소개하는 글은 1994년 75세 나이에 남아프리카 공화국 대통령으로 선출된 넬슨 만델라Nelson Rolihlahla Mandela가 취임식에서 연설한 내용입니다. 당신에게도 이 글이 크게 와 닿을 것입니다.

인간은 누구나 빛을 밝히는 존재입니다

우리가 가장 두려워하는 것은 우리가 무능해서가 아닙니다. 우리가 가장 두려워하는 것은 우리가 지닌, 가늠할 수 없는 강한 힘입니다. 그것은 빛입니다. 우리를 위협하는 어둠이 아닙니다. 우리는 자신에게 묻습니다. 이렇게 빛나고 아름답고 재능 있고 경이로운 존재인 나는 누구인가? 사실 우리 가운데 그렇지 않은 이가 누가 있습니까? 당신은 하느님의 자녀입니다. 움츠러들어서는 세상을 구원할 수 없습니다. 옆에 있는 사람들이 불안해할까 봐 뒷걸음친다면 세상의 빛이 될 수 없습니다. 우리는 우리 안에 존재하시는 하느님의 영광을 천명하기 위해 이 세상에 왔습니다. 그분의 영광은 몇몇 사람에게만 있지 않습니다. 우리 모든 이의 마음 안에 있습니다. 그리고 우리가 스스로 빛을 밝히는 일은, 어느새 다른 이들도 빛을 밝힐 수 있도록 도와주는 일입니다.

현재에 주목하라

멈춰라. 너는 어디로 달려가는가. 하늘은 바로 네 안에 있거늘.
— 안겔루스 질레지우스

사회학자 마리안네 그로네마이어Marianne Gronemeyer는 현대인의 무능력에 관해 이렇게 언급합니다. 오늘날 세상은 속도가 점점 더 빨라지고 정신없이 돌아가는 반면, 개개인은 내면이 공허하다고 느끼며 세상이 차고 넘치도록 제공하는 것들로 인해 괴로워한다고 지적합니다. 이와 관련하여 사회학자 페터 그로스Peter Gross는 '다多선택 사회'라는 개념을 사용합니다. 이는 선택 및 행동 가능성이 헤아릴 수 없이 많은 사회라는 뜻입니다. 예컨대 독일의 작은 도시만 해도 안경을 새로 살 경우에 6천여 개에 이르는 안경들 가운데 선택할 수 있습니다. 개인주의 시대에 사는 현대인은 자신이 무엇을 원하는지, 어떻게 살아야 하는지 잘 모르는 경우가 많습니다. 선택해도 좋을 '자유'가 이제는 선택할 수밖에 없는 '저주'로 바뀐 셈입니다. 우리는 선택과 동시에 수많은 다른 가능성을 포기하게 됩니다. 이는 고통을 남길 수 있습니다. 어쩌면 다른 것을 선택하는 편이 훨씬 나았을지도 모른다는 미련이 남습니다. 할 것도 많고 즐길 것도 많은 오늘날의 소비 사회는 현대인을 이른바 '놓치는 것에 대한 두려움'에 시달리게 합니다. 나는 무언가를 놓치거나 실패할까 봐 걱정인데, 다른 사람들은 적시 적소에 있는 것 같다는 두려움입니다. 이것이 현재 우리 삶의 한 가지 근본적인 특징입니다. 우리는 자신이 초대받지 않은 파티에 참석한 것은 아닌지 의심을 품습니다. 그러면서 행복은 지금 내가 있는 곳이 아닌, 전혀 다른 곳에 있다고 여깁니다. 현대인은 여가 시간에도 자유를 누리지 못하며, 점점 빠르게 돌아가는 세상에서 안정을 찾지 못한 채 쫓기듯 살아가고 있습니다.

그리스 신화에 따르면, 인간은 시간을 두 종류로 사용할 수 있다고 합니다. 크로노스Chronos와 카이로스Kairos가 그것입니다. 크로노스는 우리가 측정할 수 있고 흘러가는 유한한 시간을 말합니다. 조형 예술에서는 낫과 모래시계를 든 노인으로 묘사됩니다. 반면에 카이로스는 올바른 시각, 시간의 질을 의미합니다. 카이로스는 이마에 곱슬머리가 드리워지고 후두부는 벗겨진 노인의 이미지로 표현됩니다. 기회를 단단히 붙잡으라는 속담도 여기서 유래했습니다. 현대인은 흘러가는 시간인 크로노스에 묻혀 살아가고 있습니다. 우리 곁에 있는 시계는 쉬지 않고 시간을 측정하며 박자를 맞춥니다. 그러나 점점 빠르게 돌아가는 세상 속에서 자신을 잃지 않으려면 시간의 질을 강조하는 카이로스에 더 초점을 두어야 합니다. 카이로스는 제때에 올바른 일을 하는 것을 일컫습니다. 시간이 충분히 지나야 오븐에서 구워진 빵을 꺼낼 수 있고, 나무에서 잘 익은 사과를 딸 수 있습니다. 기회를 단단히 붙잡기 위해서는 알맞은 때에 신중한 직감이 필요합니다.

연습..'삶의 강'에 자신을 내맡기기

삶이 조정漕艇 보트를 타고 거친 물살을 가르며 달리는 것에 비유할 수 있다고 상상하십시오. 물 위로 솟은 바위들이 도전하듯 거듭거듭 다가옵니다. 이 경기에서 이기려면 계속 노를 저어야 합니다. 중요한 것은 현재에 몰두하고 물에 자신을 내맡기는 일입니다. 모든 바위를 비켜 가도록 흘러가는 물이 당신을 도와줄 것입니다. 그러면서 당신은 제때에 올바르게 하는 법을 배웁니다. 바위에 부딪혀 산산이 부서질까 봐 두려워하지 않고 이 경기를 서서히 즐길 수 있을 것입니다.

지금 당신에게 도전하듯 다가오는 일들을 구체적으로 그려 보십시오. 제때에 필요한 일을 하기 위해 당신에게 도움이 될 만한 것은 무엇입니까?

하루를 지내며 스트레스에 시달리기보다는 자신에게 일어난 일들에 주목할 때 물 흐르듯 해결된다는 것을 당신도 분명 경험했을 것입니다. 이렇듯 현재에 주목할 때 저절로 해결되는 문제도 많습니다. 주목하는 사람은 자신의 삶을 흘러가는 물처럼 여깁니다. 온전히 현재에 주목할 때, 삶이 우리에게 늘 기회를 준다는 것을 알아차릴 수 있습니다. 그리고 앞으로 계속 나아갈 수 있도록 삶은 우리에게 필요한 자극도 줍니다.

다음 이야기는 당신에게 앞으로 나아갈 마음을 불러일으켜 줄 것입니다.

이야기 .. 수도승과 문

한 젊은 수도승이 하느님을 찾아 길을 떠났다.

한참 동안 걸은 뒤에 그는 어느 문 앞에 이르렀다. 수도승은 이 문을 지나면 하느님께 갈 수 있을 거라고 생각했다. 그래서 조심스럽게 문을 밀어 보았지만, 문은 꿈쩍도 하지 않았다. 이번에는 문을 힘껏 밀었다. 그런데도 굳게 닫힌 문은 좀처럼 열리지 않았다. 수도승은 문 앞에 서서 골똘히 생각했다. '사람들이 없는 외딴곳에 가서 한동안 기도하고 단식하며 은둔 생활을 해야겠어. 그런 다음, 이곳에 다시 오면 문을 열 수 있겠지.' 수도승은 사막에 가서 몇 년간 은둔 생활을 했다. 그런 다음, 다시 그 문 앞에 왔다. 하지만 아무리 문을 열려고 해도, 문은 여전히 굳게 닫혀 있었다.

수도승은 다시 생각했다. '이번에는 사람들에게 하느님에 관해 이야기하며 복음을 전해야겠어.' 그는 도시를 돌며 사람들에게 하느님에 관해 설교했다. 그렇게 몇 년 동안 복음을 전한 뒤에 다시 문 앞으로 왔다. 그러나 문을 열려고 안간힘을 썼지만, 문은 여전히 꿈쩍도 하지 않았다.

수도승은 다시 골똘히 생각했다. '아무래도 이번에는 가난하고 병든 사람들을 돌봐야겠어.' 그는 길을 떠나 여러 해 동안 병들고 도움을 필요로 하는 사람들을 돌보았다. 그런 다음, 다시 문 앞에 섰다. 그러나 닫힌 문을 열어 보려고 온갖 노력을 기울였지만, 이번에도 소용이 없었다. 그는 매우 슬펐고 절망감마저 들었다.

그때 몇 미터 떨어진 곳에서 한 어린아이가 모래를 가지고 노는 모습이 보였다. 아이가 그에게 외쳤다. "이리 와서 도와주세요! 저는 지금 터널을 만들고 있어요!" 수도승은 아이 곁으로 갔다. 그리고 아이와 함께 모래로 터널을 만들면서 기쁜 마음이 들기 시작했다. 그때 아이가 갑자기 말했다. "보세요! 지는 해가 얼마나 아름다운지!" 수도승은 붉게 물든 저녁노을을 바라보면서 더 큰 기쁨을 느꼈다. 마음이 따뜻해지면서 지금 이 순간은 물론, 하느님께서 자신에게 선물로 주신 삶에 대해 깊이 감사하는 마음이 들었다.

바로 그 순간, 수도승은 자신이 그토록 열고자 애썼던 문이 활짝 열렸다는 것을 알아차렸다.

이 이야기는 참으로 근본적인 것이 무엇인지 알려 줍니다. 특정한 활동이나 임무를 수행하는 것, 혹은 특정한 직업에 종사하는 것이 근본적인 것은 아닙니다. 오히려 지금 하고 있는 일에 주목하는 것, 온전히 현재에 주목하는 것, 이 의식적이고도 단순한 경험이 근본적인 것이 될 수 있습니다. 온전히 현재에 주목할 때, 삶도 우리를 톡톡 건드릴 수 있습니다. 온전히 현재에 주목할 때, 비로소 아름다운 꽃을 볼 수 있고 지저귀는 새소리도 들을 수 있습니다. 현재에 주목하는 사람은 현재를 향한 삶을 삽니다. '현재'는 우리가 하느님을 만나기 위한 문입니다.

서양 전통에 따르면, 하느님의 이름도 현재와 밀접한 관계가 있습니다. 구약 성경이 전하는 하느님의 이름 '야훼'는 "나는 있는 나다."

라는 뜻입니다. 나는 이 말씀을 인간도 (우리는 하느님의 모상대로 창조되었습니다) 자신이 '현재 있음'에 늘 유념해야 한다는 의미로 받아들입니다.

살아오면서 온전히 현재에 주목했던 순간들을 떠올려 보십시오. 당신은 그 순간들을 어떻게 체험했습니까?

당신은 놀이에 푹 빠졌던 어린 시절도 떠올릴 것입니다. 우리는 어릴 때 아주 자연스럽게 온전히 현재에 주목할 수 있었습니다. 예수님도 그렇게 생각하셨을 것입니다. "너희가… 어린이처럼 되지 않으면, 결코 하늘나라에 들어가지 못한다."(마태 18,3) 우리가 어린아이처럼 되어야 하늘나라에 들어갈 수 있다는 뜻입니다. 티베트에는 이런 속담이 있습니다. "아이들은 우리가 현재에 주목하도록 가르쳐 주는 스승이다. 아이들은 우리로 하여금 지금 이 순간에 주목하게 하고, 아무 걱정 없이 살았던 시절을 상기시켜 준다."

현재에 주목한다는 것은 나의 주의력을 온전히 현재에 기울인다는, 온전히 현재의 순간에 머문다는 뜻입니다. 이렇듯 현재에 깨어 있을 때, 현재를 살 때 우리 안에서 행복감이 용솟음칠 수 있습니다.

이와 관련하여 심리학에서는 '몰입flow'이라는 개념을 사용합니다. 어떤 일에 몰입하면서 우리는 '하나가 되는' 체험을 합니다. 이는 무언가에 전념하면서 행복한 순간을 맛보는, 매우 강렬한 체험입니다. 여기서 중요한 것은 우리가 어떤 일에 깊이 몰두한다는 것입니다. 이를 '자기 목적적 체험'이라고 일컫기도 합니다. '자기 목적'이라는 용어는 그리스 어에서 유래되었으며, 'auto자기'와 'telos목적'가 결합된 말입니다. '자기 목적적'이라는 것은 우리가 자신의 일 밖에 있는 것에 대해서는 아무 목적도 품지 않으며 그럴 필요도 없다고 여긴다는 뜻입니다. 놀기 위해 노는 것이고, 그림을 그리기 위해 그리는 것입니다. 아이들은 이 분야에서 훌륭한 대가입니다. 아이들은 '몰입'이라는 용어가 무슨 뜻인지 알지 못해도 우리에게 모범을 보여 줍니다.

우리가 어른이 되어서도 아이들의 세계에 주목할 때, 삶의 근본적인 것을 체험할 수 있습니다. 아이들에게는 열정이 있습니다. 아이들은 호기심이 많고 모든 것에 활짝 열려 있으며 모든 것을 그대로 믿습니다. 아이들은 놀이에 푹 빠집니다. 아이들은 온전히 현재의 순간을 삽니다.

주목하는 연습을 하면, 현재에 머물면서 다시 활기차게 살 수 있습니다. 길을 가기 위해 가는 것이지, 어떤 목표에 이르기 위해 가지 않습니다. 단순히 이를 닦기 위해 닦는 것이지, 깨끗한 치아를 위해 닦지 않습니다. 이렇게 주목하는 연습을 할 때 온전히 자기 자신에게 머물 수 있습니다. 주목하는 연습을 하면 자신이 지금 하고 있는 일에 온전히 몰입할 수 있습니다. 온전히 현재에 머물 수 있으므로 아주 활기차게 살 수 있습니다. 주목하는 연습을 하면 '삶의 강'에 온전히 자신을 내맡길 수 있습니다.

연습..일상에 주목하기

옷 입기, 이 닦기, 샤워 등 당신이 습관적으로 하는 일들 가운데 하나를 택하십시오. 그리고 그 일에 온전히 주목하겠다고 결심하십시오. 어떤 다른 목적을 위해 그 일을 하지 마십시오. 그 일 자체를 위해 하십시오. 그 일에 관심을 기울이면서 기분 좋게 하십시오. 그 일을 하면서 당신의 주의력을 돌리고 그 일을 즐기십시오. 원한다면 매주 자신이 습관적으로 하는 다른 일을 택해서 거기에 주의력을 돌려 볼 수도 있습니다.

오늘만을 위해

우리가 자주 쓰는 말 가운데 '일상'이라는 용어가 있습니다. 이 용어가 정확히 무슨 뜻인지 아십니까? "나날이 평범하기 그지없어." "밋밋한 일상만 되풀이될 뿐이야." "일상에서 달아나고 싶어." 우리가 흔히 하는 말입니다. 마음이 내키지 않고 모든 것이 지겹게 느껴지면 "일상이 그렇지 뭐."라고 중얼거리면서 핑계를 댑니다. 그리하여 일상은 우리가 깨기 힘든 틀에 박힌 일과와 동일시됩니다. 어떻게든 지금의 따분한 일상을 견뎌야 다음 휴가 때 마음껏 즐길 수 있다고 여기는 사람들도 많습니다. 이는 자신의 삶을 사는 것이 아니라, 일상을 살아 내는 것이 됩니다.

  이 말을 오해하지 않길 바랍니다. 늘 똑같이 돌아가는 일과가 유익하지 않다는 말이 아닙니다. 똑같은 일과는 우리에게 외적 질서와 한결같음을 보장하면서 내적 질서도 유지하게 해 줍니다. 단순하고 되풀이되는 일들도 가치가 큽니다. 호흡, 심장 박동, 낮과 밤처럼 규칙적으로 반복되는 것이 우리로 하여금 균형을 이루며 살게 해 줍니다. 반면에 '밋밋한 일상'은 우리가 깨어 있는 자세로 하루를 살기 어렵게 만듭니다. 그러면 오늘 하루에 특별한 의미를 두기가 힘듭니다. 오히려 오늘 하루는 일회적일 뿐이라며 섣부른 판단을 내릴 위험까지 따릅니다.

우리는 현재의 삶을 다른 시기로 미루는 경향이 있습니다. 가령 주말이나 휴가 때로 미루면서 이 시기에 큰 기대를 품습니다. 자신이 경험하지 못한 것들을 이때 성취할 수 있다고 여기기 때문이지요. 혹은 내일에 희망을 걸며 자신을 위로합니다. "내일 나는 내 삶을 새롭게 펼칠 거야."라고 하면서 말입니다. 하지만 우리가 '오늘'을 살지 않으면 '내일'은 결코 오지 않습니다.

여기서 당신이 작은 연습을 하도록 초대하고 싶습니다.

연습 . . 평범한 것과 유일한 것의 차이

오늘 하루가 당신이 감지할 수 있는 어떤 생명체라고 상상하십시오. 이어서 당신이 그 생명체라고 상상하십시오. 사람들이 당신에게 "너는 평범한 날이다."라고 말한다면 기분이 어떨까요? 당신은 이 말을 어떻게 평가합니까? 이 말을 얼마나 진지하게 받아들입니까? '평범한 것'인 당신은 어떻습니까?

이제 사람들이 당신에게 이렇게 말한다고 상상하십시오. "너는 나의 단 하루뿐인 날이다. 너는 나의 유일한 것이자 나의 전부다." 이제 당신은 어떻습니까? '평범한 것'과 '유일한 것'의 차이를 어떻게 깨닫습니까?

우리는 '일상'이라는 용어를 전혀 다르게 이해하고 사용할 수 있습니다. 이날, 오늘 하루는 우리가 가진 전부입니다. 어제는 지나갔고, 내일은 아직 오지 않았습니다. 그래서 내일은 불확실합니다. 당신이 내일도 여기에 있을 거라고 확신할 수 있습니까? 그러므로 이날, 오늘 하루에 모든 것이 들어 있습니다. 오늘은 그 자체로 유일하면서도 작은 삶입니다.

이 대목에서 익명의 자조 그룹이 실행하는 '12단계 프로그램'을 소개하고 싶습니다. '오늘만을 위해'라는 짧은 구절이 이 회복 프로그램의 모토입니다. 이 모임에 참석하는 이들은 중독이나 자기 파괴적인 행동 방식에서 벗어나기 위해 매우 효과적으로 노력하고 있습니다. 여기서 실시하는 유익한 방식은 전 세계 수백만 명에 이르는 사람들에게 큰 도움을 주고 있습니다.

'12단계 프로그램'은 일종의 영적 프로그램입니다. 그중에서도 '오늘만을 위한 영성'이 주축을 이루고 있습니다. 이러한 영성은 오늘날 많은 영적 공동체나 영적 과정에서도 볼 수 있습니다. 회복기에 이른 한 중독자는 자신이 날마다 새로 결심해야 한다는 것, '오늘만을 위해' 자기 파괴적인 옛 태도를 버려야 한다는 것을 잘 알고 있습니다.

예컨대 오늘만을 위해 술을 마시지 않는 것입니다.

이 말에는 겸손이 내포되어 있습니다. 늘 작게 진보하는 가운데 병이 낫고 성장할 수 있다는 것을 인정하려면 겸손이 필요합니다. 중요한 것은 작게 진보하는 법을 배우는 것, 오늘 하루를 좀 더 깨어 있는 자세로 펼치는 것입니다. 실제로 오늘을 살 수 있으려면 오늘을 신뢰해야 합니다. 이는 우리의 주의력을 오늘에만 두는 것으로 충분합니다. 스물네 시간으로 이루어진 오늘 하루에 우리의 주의력을 두는 것이 더 주목하고 더 깨어 있는 삶을 사는 데 적절한 방법으로 보입니다. 그렇게 살기 위해 날마다 새롭게 결심할 수 있습니다. 그러나 옛 습관이 다시 나타날 때도 있을 것입니다. 남은 인생을 바람직하게 살 수 있을지, 자신이 원하는 방향으로 나아갈 수 있을지 확신하기 어렵다는 것도 우리는 잘 압니다. 하지만 자신의 삶이 원하는 방향으로 나아가도록 날마다 새롭게 결심할 수는 있습니다. 자신의 주의력과 힘을 오늘 하루에 집중할 때, 가장 큰 도전에도 점차 대응할 수 있게 됩니다. 오늘 하루만을 바라볼 때 과도한 요구 앞에서 자신을 보호할 수 있습니다. 우리는 무리한 계획을 세우지 않도록 <u>스스로를 통제할 수</u> 있습니다. 그러면서 서서히 삶에 바람직한 변화가 일어납니다.

당신 앞에 놓인 '문제의 산'이 얼마나 높으냐는 상관없습니다. 그 가운데 하루치만 끌어내어 이를 느긋하게 다루십시오. 이렇게 당신은 긴 여정을 걸으며 길가에 핀 꽃들을 그냥 지나치지 않을 것입니다. 그러니 오늘 하루에 주목하십시오. 그리고 하루하루를 작은 삶으로 여기십시오. 오늘만을 위해!

"오늘만을 위해!"를 외치는 12단계 프로그램은 마음의 평정을 지니고 사는 데 매우 효과적인 전략입니다. 모든 프로그램이 다 그렇듯, 이를 실제로 자신의 삶에 적용해야 열매를 맺을 수 있습니다. 유익한 프로그램이 저장된 USB 하나를 손에 들고 있다고 상상하십시오. 이 프로그램을 활용하려면 컴퓨터에 그것을 꽂고 '시작' 버튼을 눌러야겠지요. USB를 마냥 책장 위에 두어서는 아무리 좋은 프로그램이라도 활용할 수 없습니다.

몇 년 전에 심각한 우울증에 시달린 어느 환자는 치료받으면서 다음 문장을 날마다 여러 번 조용히 읊조렸습니다. "나는 사랑과 감사의 마음으로 오늘 하루를 축복한다." 이 문장은 그의 마음을 움직이며 매우 유익하게 작용했습니다. 당시 그는 자살까지 생각하고 있었습니다. 이제 그는 삶을 새롭게 바라봅니다. 아침에 눈을 뜨면, 어떤 하루가 자신을 기다릴지 기대하면서 사랑과 감사의 마음으로 살고 있습니다.
당신이 날마다 오늘 하루를 축복할 때, 오늘 하루에 주의력과 힘을 다할 때 달라지는 것은 비단 오늘 하루만이 아닙니다. 당신의 삶 전체가 달라질 것입니다. 당신이 주의력을 돌리는 곳으로 당신의 힘과 에너지도 흘러갑니다. 주목하고 마음의 평정을 찾는 연습을 할 때, 더 주목하고 더 평정을 누리는 삶을 살 수 있습니다. 날마다 연습하면 실제로 그런 삶을 살 수 있습니다.

다음에 소개하는 내용이 당신에게 도움을 줄 것입니다. 마음의 평정을 위한 십계명인데, 요한 23세 교황이 자신의 영적 일기에 기록한 것으로서, 익명의 자조 그룹 프로그램으로 택하게 되었습니다.

삶	나는 오늘만을 위해 하루를 생기 있게 살도록 애쓰겠다. 내가 안고 있는 문제가 갑자기 해결되기를 바라지 않겠다.
신중함	나는 오늘만을 위해 사람들 앞에서 신중하면서도 바람직한 태도를 보이겠다. 어느 누구도 판단하지 않고 다른 사람들을 바꾸려고 애쓰지 않겠다. … 나 자신이 바뀌도록 애쓰겠다.
행복	나는 행복하기 위해 태어났다고 확신하면서 오늘만을 위해 행복하게 살겠다.
현실성	나는 오늘만을 위해서 내게 일어난 일들에 적응하겠다. 그 일들이 나의 바람대로 이루어지기를 원하지 않겠다.
독서	나는 오늘만을 위해 10분간 좋은 책을 읽겠다. 생명을 유지하기 위해 음식이 필요하듯, 영적 삶을 위해서는 좋은 책이 필요하다.
행동	나는 오늘만을 위해 착한 행동을 하겠다. 그리고 이에 관해 아무에게도 이야기하지 않겠다.
극복하기	나는 오늘만을 위해 내키지 않은 일도 수행하겠다.
계획하기	나는 오늘만을 위해 면밀한 계획을 세우겠다. 그러나 일

	을 추진할 때는 거기에 매달리지 않겠다. 이때 내가 조심해야 할 것은 두 가지다. 몹시 서두르는 것과 우유부단한 태도이다.
용 기	나는 오늘만을 위해 용기를 내며 두려워하지 않겠다. 특히 아름다운 것들에 대해 기뻐하는 데 물러서지 않겠다. 나는 사랑과 자비를 믿는다.
신 뢰	나는 오늘만을 위해 (설령 반대되는 상황이 일어날지라도) 하느님께서 자비롭게 나를 보살펴 주신다는 것을 확신하겠다. 그렇지 않다면 아무도 세상에 태어나지 않았을 것이다.

당신이 무리한 계획을 세운 것은 아닌지 살펴보십시오. 날마다 평화로운 마음이 들게 하는 좋은 일을 찾는 것으로 충분합니다. 묵묵히 견뎌 내면서 정도를 넘지 마십시오.

'12단계 프로그램'을 실행하는 자조 그룹 참가자들은 모임을 끝내고 헤어질 때 서로 이렇게 인사를 나눕니다. "좋은 24시간 보내세요!" 이 인사는 축복과 같습니다. 오늘 하루를 잘 보내고, 그 자체를 삶으로 여기기를 바라며, '지금, 여기'에서 바람직하게 살기를 바라는 것입니다. 오늘만을 위한 삶을 사는 것입니다.

오늘만을 위해 살기를 바랄 때, 스물네 시간으로 이루어진 오늘 하루를 살 때 삶이 근본적으로 달라질 수 있습니다. 당신이 오늘 하루를 부디 잘 보내도록 기원합니다.

감사의 말

이 책이 나올 수 있도록 격려해 주고 지지해 준 모든 분들에게 진심으로 감사드립니다. 먼저 헤르더 출판사의 발터Walter 여사에게 감사의 마음을 전합니다. 그녀는 게오르크 라이자흐Georg Reisach 아카데미에서 '의학, 심리 치료, 영성'을 주제로 개최된 모임을 마치면서 글을 쓸 수 있도록 격려해 주었습니다. 내가 이 책을 쓸 수 있도록 처음부터 지원을 약속한 아둘라 병원장 게오르크 라이자흐 씨와, 영감과 창의적 시야를 일깨워 준 비서 알렉산드라 슈트로쉥크Alexandra Strohschänk 여사에게도 감사드립니다.

원고를 읽으며 다양하고 값진 조언을 아끼지 않은 분들을 대표해 비르기트 존넨Birgit Sonnen 여사에게도 고마운 마음을 전하고 싶습니다.

라이자흐 병원에서 지내고 있는 많은 환자들에게도 특별히 감사드립니다. 그들을 만나면서 많은 자극을 받았고 내 삶이 변화되었으며 이 책도 나올 수 있었습니다.

나와 함께 길을 가며 알게 모르게 많은 도움을 준 모든 분들에게 감사드리고, 부모님께 특별히 감사드리고 싶습니다.

끝으로 내가 더 주목하고 깨어 있는 삶을 살도록 가장 많이 가르쳐 준 아내와 두 아이들에게 고마운 마음을 전합니다.

참고 문헌

- *Bauer*, Joachim: Warum ich fühle, was du fühlst, Heyne, 2006
- *Betz*, Robert: Willkommen im Reich der Fülle, Koha, 2007
- *Brunner*, Sepp/Margit: Permakultur für alle, Löwenzahn, 2007
- *Bucher*, Anton A.: Psychologie der Spiritualität, Beltz, 2007
- *Caddy*, Eileen: Herzenstüren öffnen, Greuthof, 2004
- *Carlson*, Richard: 100 Regeln für ein gutes Leben, Knaur, 1998
- *Dietz*, Thomas/*Harrer*, Michael/*Weiss*, Halko: Das Achtsamkeits–Übungsbuch, Klett–Cotta, 2012
- *Epp*, Josef: Bevor ich auf der Strecke bleibe, Kösel, 2011
- *Ferrini*, Paul: Denn Christus lebt in jedem von uns, Aurum, 1994
- *Fliegel*, Steffen/*Kämmerer* Annette: Psychotherapeutische Schätze II, dgvt,2009
- *Forsyth*, John P./*Eifert*, Georg H.: Mit Ängsten und Sorgen erfolgreichumgehen, Hogrefe, 2010
- *Frank*, Gunter/*Storch*, Maja: Die Manana–Kompetenz, Piper, 2011
- *Goldberg*, Eckhard: Die Geschichte des Gebets um Gelassenheit, Santiago, 2010
- *Gronemeyer*, Marianne: Das Leben als letzte Gelegenheit, Primus, 1993
- *Gross*, Peter: Die Multioptionsgesellschaft, Suhrkamp, 2005

- *Nhat Hanh*, Thich: Jeden Augenblick genießen, Herder, 2007
- *Hüther*, Gerald: Bedienungsanleitung für ein menschliches Gehirn, Vandenhoeck und Ruprecht, 2010
- *Jellouschek*, Hans: Achtsamkeit in der Partnerschaft, Kreuz, 2011
- *Kabbal*, Jeru: Quantum Light Breath – Vol. 1, Audio CD, 2007
- *Kabat–Zinn*, Jon: Gesund durch Meditation, Fischer, 2007
- *Kuntz*, Ernst/*Ketcham*, Katherine: Spiritualität der Unvollkommenheit, Santiago, 2006
- *Lechler*, Walther H.: So kann's mit mir nicht weitergehn!, Kreuz, 1994
- *Lehrhaupt*, Linda/*Meibert*, Petra: Stress bewältigen mit Achtsamkeit, Kösel, 2010
- *Michel*, Gabriele/*Oberdieck*, Hartmut: Die Kunst, sich miteinander wohl zu fühlen, Jungfermann, 2007
- *Peck*, M. Scott: Der wunderbare Weg, Goldmann, 1992
- *Reddemann*, Luise: Eine Reise von 1000 Meilen beginnt mit dem ersten Schritt, Herder, 2004
- *Stadtmüller*, Godehard: Einstellung und Schicksal, Santaigo, 2010
- *Steindl–Rast*, David: Staunen und Dankbarkeit, Herder, 2002
- *Valentin*, Lienhard: Mit Kindern neue Wege gehen, Arbor, 2005
- *Walch*, Sylvester: Vom Ego zum Selbst, Barth, 2011